NEUES HANDBUCH DER DEKORATIVEN MALTECHNIKEN

Annie Sloan • Kate Gwynn

NEUES HANDBUCH DER DEKORATIVEN MALTECHNIKEN

Mit Ergänzungen von Annie Sloan

Aus dem Englischen von Hajo Düchting

Urania-Ravensburger

Die Deutsche Bibliothek – CIP-Einheitsaufnahme

Neues Handbuch der dekorativen Maltechniken / Annie Sloan; Kate Gwynn.
Mit Erg. von Annie Sloan. Aus dem Engl. von Hajo Düchting. –
Berlin: Urania-Ravensburger, 1999
Einheitssacht.: The new complete book of decorative paint techniques <dt.>

ISBN 3-332-01007-7

Titel der englischen Originalausgabe:
The New Complete Book of Decorative Paint Techniques
First published by Collins & Brown 1988
Revised Edition 1999

Übersetzung ins Deutsche: Hajo Düchting
auf der Grundlage der ersten deutschen Fassung von
Ulrike Halbe-Bauer und Manfred Halbe

Umschlaggestaltung: Behrend & Buchholz, Hamburg
Lektorat: Berliner Buchwerkstatt, Vera Olbricht
Satz: Thoms Graphik Design, Berlin
Druck: Hong Kong Graphic & Printing
Gesamtherstellung: Urania-Ravensburger, Berlin
Printed in Hong Kong

Gedruckt auf alterungsbeständigem Papier mit chlorfrei gebleichtem Zellstoff

Die Schreibweise entspricht den Regeln der neuen Rechtschreibung.

ISBN 3-332-01007-7

02 01 00 99 4 3 2 1

Hinweis des Verlages:
Die Ratschläge in diesem Buch sind von den Autorinnen und vom Verlag
sorgfältig erwogen und geprüft, dennoch kann eine Garantie nicht übernommen werden.
Eine Haftung der Autorinnen bzw. des Verlages und seiner Beauftragten für
Personen-, Sach- und Vermögensschäden ist ausgeschlossen.

Inhalt

Einführung

Früher wurde Innendekoration nur von Profis ausgeführt; heute versuchen sich zunehmend auch Laien mit viel Freude daran. Dekoratives Malen ist ein hochinteressantes Gebiet, das viele, einfach umzusetzende Möglichkeiten einschließt. Mit etwas Geduld, Überlegung und Selbstvertrauen schaffen auch Menschen, die sich nicht als Künstler fühlen, ganz individuelle, reizvolle Wirkungen, mit denen sich das eigene Heim verschönern lässt.

Das zunehmende Interesse an Farben und malerischem Dekorieren wird letztlich auch von den Fortschritten in der Maltechnologie gefördert. Die neuen langsam trocknenden wasserlöslichen Farbprodukte steigerten die Beliebtheit des dekorativen Malens, da sie einfach anzuwenden, geruchslos und umweltfreundlich sind. Die herkömmlichen ölhaltigen Farben werden durch Auflagen und Vorschriften immer mehr verdrängt und steigern dadurch den Bedarf an qualitätsvollen wasserlöslichen Produkten. Solche wasserlöslichen Farben sind vielseitig, preiswert, praktisch und zeigen sehr rasch schöne Ergebnisse.

Dieses Buch wendet sich an einen großen Personenkreis: an Anfänger, die gestalterische Fähigkeiten erwerben wollen, genauso wie an Fortgeschrittene, die mit dem Farbenmischen bereits vertraut sind. Wir wollten ein Buch machen, das so umfassend und leicht verständlich wie möglich ist, und haben daher ein klares und zugängliches Layout geschaffen. Der Schwierigkeitsgrad der Techniken reicht von sehr einfachen bis zu solchen, die beträchtliches Geschick und Kenntnis erfordern. Die im Text verwendeten Sternchen geben den Schwierigkeitsgrad der Grundtechniken an. Der Anfänger sollte mit einem relativ einfachen Projekt beginnen, allmählich Erfahrung sammeln und eigene Vorstellungen entwickeln. Lassen Sie den Kopf nicht hängen, wenn anfangs noch nicht alles nach Wunsch geht. Das Selbstvertrauen stellt sich mit der Übung ein und führt schließlich zur Perfektion.

Das Buch beginnt mit einem Abschnitt zur Farbe, da ein grundlegendes Verständnis der Farben auch für die dekorative Malerei wichtig ist. Beim Malen von Innenräumen lässt man sich oft von der natürlichen Umgebung anleiten. Wir sind alle vertraut mit der Farbe von rostigen Dosen, von Steinen und Blumen. Die im Farbenkapitel zusammengestellten Materialien sollen solche Erfahrungen mit den jeweiligen Farbwerten verbinden helfen.

Die Entstehung einer Malerarbeit ist in der Regel auf einer Doppelseite beschrieben und illustriert. So fällt jeder Arbeitsschritt sogleich ins Auge, ohne dass man vor- und zurückblättern müsste. Für jedes Projekt ist ein besonderer praktischer Rat nötig: Hinweise auf die geeignete Oberfläche, die Mischungsverhältnisse für Öllasuren und eine Liste des benötigten Materials und Werkzeugs sowie einige nützliche Tipps.

Neben der Schablonenmalerei stellen wir auch die Herstellung von Druckstöcken und Drucktechniken vor sowie die Technik des freihändigen Malens. In diesem Kapitel sind die unterschiedlichsten Einflussgebiete versammelt. Da beide Autorinnen eine Kunstausbildung absolviert haben, finden auch die Kunst des 20. Jahrhunderts, die Kunst afrikanischer und anderer Völker sowie die Einflüsse moderner Designer, wie der Bloomsbury Group, ihren Niederschlag. Die Schablonenmalerei war in Nordeuropa immer stark in der Volkskunst verwurzelt. Dekorateure in England und Amerika, wie J. D. Grace, führten die Schablonenmalerei auf ein hohes künstlerisches Niveau. Das Kapitel zur Freihandmalerei zeigt Schritt für Schritt, wie man Trompe l'oeil-Effekte, z. B. Spielkarten auf einem Tisch und stilisierte Himmel und Wolken, mit sicherer Hand malen kann.

OBEN *Die Unterseite der Deckenbohlen des Saales der Neun Edlen in Crathes Castel in Schottland ist bemalt, während die Balken nur gestrichen sind. Solche Deckenmalereien waren im 16. Jahrhundert sehr beliebt.*

Vergoldungs- und Antiquiertechniken vervollständigen das Repertoire des Dekorateurs. Das Vergolden ist sehr populär geworden und hat sich stilistisch weit entwickelt. Das traditionelle Vergolden wurde nur in besonders eleganten und aufwendigen Dekorationsstilen verwendet. Seit der Erfindung des leicht zu handhabenden Transfergoldes hat das Vergolden jedoch große Verbreitung gefunden. Auch mit Bronze- und anderen Metallpulvern lässt sich gut experimentieren. Die verschiedenen Methoden zur Erzielung von Patina durch Rissbildungsmittel, Wachse und Firnisse gehören ebenso zum Grundwissen des Dekorateurs.

Schließlich haben wir noch praktische Informationen und inspirierende Fotos von Raumeinrichtungen und Möbelstücken in das Buch aufgenommen, z. B. einige Ideen zur Deckendekoration, zum Bemalen eines Schrankes, wirkungsvolle Entwürfe für Fußböden und Bemalungen von Türen und Wandpaneelen.

Die Menschen gehen sehr unterschiedlich mit Farbe um, einige recht großzügig, andere eher zurückhaltend. Entsprechend kann das Wischtupfen bei verschiedenen Personen ganz unterschiedlich ausfallen. Einge Menschen sind eher klassisch und traditionell orientiert, während andere freiere Gestaltungen bevorzugen. Denken Sie immer daran, das ist nur der Anfang. Das folgende Zitat ist einem Buch der Malerei und Dekoration entnommen:

Schäme dich nicht deiner Berufung:
Man braucht fünf Jahre, um Rechtsanwalt,
sechs, um Pfarrer zu werden,
und sieben, um Maler zu werden.

The Modern Painter and Decorateur
(Der moderne Maler und Dekorateur, Ende des 19. Jahrhunderts)

Das Zitat soll keinen Lernwilligen abschrecken, sondern zeigen, wie umfassend das Gebiet ist. Eine Ausbildung als Dekorateur umfasste damals nicht nur Materialkunde und Farbmischen, sondern auch Schablonieren, Vergolden, Schriftarten, Grundlagen im Zeichnen und in der Perspektive, sowie Entwurfstechnik und Farbharmonie. *Das neue Handbuch der dekorativen Maltechniken* kann so gesehen auch als eine zeitgemäße Malerlehre gelten.

Kate Gwynn Annie Sloan

OBEN *Die Fensterläden der Bauernküche wurden aus alten Kieferntüren gefertigt. Da sie nicht grundiert wurden, saugten sich die Holzteile mit Terpentin voll. Sie wurden mit verdünnten Ölfarben bemalt und gewischt, sodass die Farben nur an einzelnen Stellen zu sehen sind, wodurch sie alt und verblichen wirken. Die Motive sind der englischen Stickerei und Tapisserie entlehnt. Die Wände sind in Siena- und Umbratönen farbgewaschen.*

KAPITEL I

FARBE UND STIMMUNG

Lassen Sie sich von der Farbe nicht einschüchtern. Die unendlichen Möglichkeiten der Farbe bezüglich Tiefe und Intensität – eine Farbe kann eine andere betonen, verschlucken oder widerspiegeln – sollten Ihnen nicht geheimnisvoll oder verwirrend vorkommen.

Die Bedeutung der Farbe

Bei der Gestaltung eines ungestrichenen Raumes muss die Farbgebung von irgendwoher kommen. Betrachten Sie zunächst die unveränderlichen Aspekte des Raumes, wie seine Funktion, Größe, Lage und Lichtverhältnisse. Denken Sie über die Funktion des Raumes nach. Einige Farben wirken im künstlichen Licht grell und können in einem vor allem am Abend genutzten Raum unpassend sein. Überlegen Sie auch, wie oft der Raum benutzt wird und wie groß er ist. Häufig genutzte Räume sollten in helleren Farben gestrichen werden. Größere und hellere Räume vertragen auch dunkle und intensivere Farben. Kleine Räume wie Küche und Badezimmer sehen am besten mit hellen Farben aus, es sei denn, sie erhalten viel Tageslicht. Dann gehen auch leuchtende und kräftige Farbtöne. Ein Esszimmer, das nur für Gesellschaften oder am

Wochenende genutzt wird, kann mit dunklen, intensiven Farben sehr gemütlich und heimelig wirken. Ein Bürozimmer dagegen muss hell und anregend sein, während ein Studierzimmer gedämpfte Töne verlangt.

In dem Raum kann es architektonische Besonderheiten, wie eine Nische oder eine Säule geben, die nicht verändert werden können. Man kann sie entweder mit einem von der Gesamtfarbe abweichenden Farbton hervorheben oder im gleichen Farbton wie den übrigen Raum streichen, um so die Aufmerksamkeit davon abzulenken.

Die Aussicht

Wichtig ist auch der Blick aus dem Fenster, vor allem, wenn man Grün benutzen will und auf Bäume oder Felder hinaussieht. Vielleicht empfiehlt sich dann ein Kontrast in Terrakotta oder in Rosa. Auch die Richtung, in die der Raum liegt, ist zu berücksichtigen. Liegt das Zimmer nach Norden und bekommt wenig Licht, sind leuchtende Farben wie Rosa und Gelb ratsam. Für Zimmer auf der Südseite mit viel Licht eignen sich fast alle Farben.

Kompromiss

Nicht immer hat man einen völlig leeren Raum ohne Möbel, Teppiche und Gardinen zur Verfügung. Kompromisse sind daher unvermeidlich, wenn man versucht ein Sofa oder ein Paar Gardinen in eine neue Dekoration einzubetten und diese dann schmuddelig wirken. Solche Dinge sollte man von Anfang an in die Überlegungen einbeziehen. Wenn zum Beispiel Ihre Gardinen ein kräftiges Stoffmuster haben und die Wände lasiert werden sollen, achten Sie auf die Hintergrundfarbe des Stoffmusters. Ist sie Beige oder Creme, sollte man statt Weiß diesen Farbton für den Anstrich nehmen.

Lichtreflektierende Farben

Farben unterscheiden sich in ihrer Leuchtkraft. Weiße, cremefarbige, gelbe, orangefarbige und hellrosafarbige Töne haben eine intensive Leuchtkraft und sind daher gut für kleine Räume geeignet. Ein hell gestrichenes Zimmer wirkt größer, weil das Licht stärker reflektiert wird. Dunkle Rot-, Grün- und Blautöne absorbieren mehr Licht und lassen ein Zimmer kleiner erscheinen. Diese Farben sind daher für größere Räume mit hohen Decken und viel Tageslicht zu empfehlen.

Warme und kühle Farben

Alle Farben, einschließlich der braunen und der sogenannten neutralen, lassen sich in warme und kalte Farben unterteilen. Zu den warmen Farben gehören Rosa, Orange und Rot, zu den kalten die Blau- und Grüntöne. Die Farbtemperatur hängt ganz von der Umgebung der Farbe ab. Ein Grün erscheint neben einem Orangegelb kühl, aber warm gegenüber einem Blau-Grün. Ein Zimmer braucht meistens sowohl warme wie auch kalte Farben. Ein in Blau- und Grüntönen gestrichener Raum benötigt ein warmes Braun, Terrakotta oder Ocker als Balance. Warmfarbige Wände können einen kühleren Farbton auf den Holzteilen (Paneele, Leisten usw.) vertragen.

Farbe und Farbton

Der Farbton ist etwas anderes als die Farbe – eine für den Anfänger manchmal schwierige Unterscheidung. Verschiedene Tonwerte einer Farbe lernt man mit zunehmender Erfahrung zu unterscheiden.

Das Wort „Farbe" bezieht sich auf den Farbstoff – Rot, Grün, Blau usw. –, während der „Tonwert" angibt, wie hell oder dunkel eine Farbe ist. Ein Grün und ein Blau können demnach den gleichen Tonwert haben, also den gleichen Helligkeits- bzw. Dunkelheitsanteil, obwohl sie verschiedene Farben sind. Das Zusammenspiel zweier oder mehrerer Farben in einem Zimmer hat demnach genauso viel mit ihrem Farbton zu tun wie mit den Farben selbst. Um die Tonwerte von Farben besser erkennen zu können, sollte man durch die halb geschlossenen Augen blinzeln. Farben mit dem gleichen Tonwert scheinen dann zu verschmelzen.

Meist werden alle Farben für die Wände und die Holzarbeiten entweder aus einem ähnlichen Farbton oder aus ein und derselben Farbe in verschiedenen Abstufungen gemischt. Wären in einem Zimmer alle Farben im gleichen Tonwert, würde es langweilig wirken. Wenn die Farb- und Tonwertkontraste zu extrem sind, wirkt der Raum zu lebhaft und verwirrend. Der größte Kontrast im ganzen Farbbereich liegt zwischen Schwarz und Weiß. Beide Unbuntfarben

gehen gut zusammen, wenn sie mit einer dritten in der gleichen Kontraststärke vermittelt werden, wie zum Beispiel ein helles Rot oder ein lebhaftes Blau. Als Faustregel gilt: viele Farben mit wenigen Tonwertkontrasten oder viele Tonwertkontraste mit wenigen Farben.

Primär-, Sekundär- und Tertiärfarben

Die Primärfarben sind Rot, Gelb und Blau. Man verwendet sie selten rein, weil jede für sich durch ihre Intensität das Augenmerk auf sich zieht. Mischt man je zwei von diesen Farben, entstehen die sogenannten Sekundärfarben, und zwar Orange (Rot und Gelb), Grün (Gelb und Blau) und Violett (Rot und Blau). Aus der Vermischung zweier sekundärer Farben entstehen tertiäre Farben, das sind Brauntöne mit unterschiedlichen Farbanteilen.

Komplementärfarben

Jede Farbe hat eine Gegenfarbe, die man auch Komplementärfarbe nennt. Die Komplementärfarbe von Blau ist Orange, von Rot ist es Grün und von Gelb ist es Violett. Helles Rot und Grün ergeben zusammen gesehen eine heftige optische Vibration, die das Auge auf Dauer als unangenehm empfindet. Solche Kontraste gehen gut zusammen, wenn man zum Beispiel ein intensives Rot und ein dunkles Grün oder einen Rosaton mit einem dunklen Grün zusammenstellt. Ebenso kann ein bräunliches Orange und ein Blau funktionieren, während ein reines Orange und ein reines Blau ähnlich störend wirken wie Rot und Grün. Auch helle Gelbtöne und Violett werden selten in der Innendekoration verwendet. Abtönungen dieser Farben, wie ein helles Cremegelb und ein Lilaton, passen besser. Die Wände könnte man in einem gedämpften Gelb streichen und die Holzteile in einem vergrauten Lila.

Farben mischen

Komplementärfarben kann man nicht nur zusammen verwenden, sondern auch miteinander mischen. Hat man zum Beispiel ein zu intensives Orange, fügt man ein wenig Grün zu, um es abzudämpfen. Verwendet man Komplementärfarbenkontraste, verstärkt man den Farbeindruck und die Aufmerksamkeit. Ein zu einfacher Farbton, wie ein helles Blau, gewinnt durch etwas Orange als Kontrastfarbe (nicht zumischen!) an Leuchtkraft. Schwarz sollte man auf jeden Fall beim Mischen auslassen, da sonst alle Farbtöne schmutzig werden.

Achten Sie nicht auf klischeehafte Farbvorstellungen, sondern mischen Sie mutig Ihre eigenen Farbtöne! In der Werbung waren lange Zeit die Farbtöne Pfirsich und Aprikose verpönt, die es heute in zahlreichen Abtönungen von Blassorange bis zu einem verwaschenen Rosaton gibt. Bei der Farbauswahl sollte man sich von der eigenen Inspiration leiten lassen. Sucht man z. B. einen Terrakottaton, stellt man sich ein paar Tontöpfe oder Kacheln ins Zimmer, um die Farbe danach zu mischen.

Farbstil

Der Stil und die Atmosphäre des Zimmers, ob klassisch, zeitgemäß modern oder im Landhausstil, hängt nicht nur von der Farbgebung und der Oberflächenbehandlung der Wände ab, sondern auch von

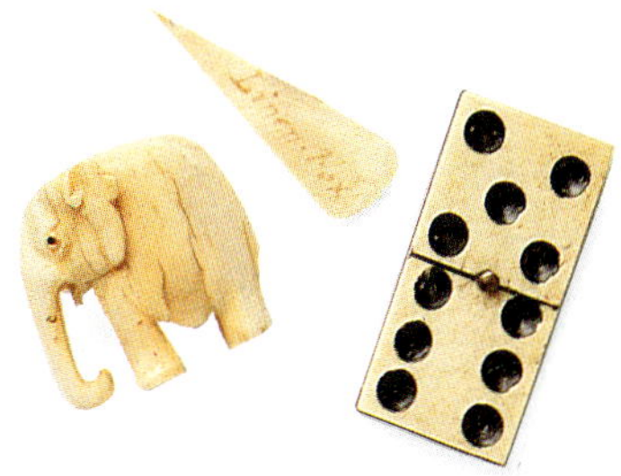

den darin stehenden Möbeln und Einrichtungsgegenständen. Es gibt bestimmte Farbgruppen, die gut zusammenpassen und an bestimmte Wohnstile anknüpfen. Im Viktorianischen Zeitalter etwa verwendete man tertiäre Farbkombinationen mit einigen Sekundärfarben, wie z. B. Senf, Kastanie, Olive und Schiefergrau. In den 60er Jahren gab es Farbtöne, wie Melonengrün, Schokolade, Lindgrün und Purpurviolett. Farben im Landhausstil sind vorwiegend Erdfarben wie Ocker- und Sienatöne. Farben aus Pompeji und dem alten Griechenland, die Robert Adam im 18. Jahrhundert wieder einführte, wirken sehr edel und atmosphärisch. Es gibt auch mediterrane, skandinavische oder afrikanische Farben, die für einen speziellen Landesstil stehen.

Farbsymbolik

Die gefühlsmäßige Einstellung zu Farben hängt außer von persönlichen Vorlieben auch von der Kultur ab, in der man lebt. Mit dekorativen Mustern kann man solche Traditionen wiederbeleben. In der westlichen Kultur wurde Schwarz, wegen der in schwarzer Kleidung abgehaltenen Beerdigungen, als Farbe der Trauer gesehen. Weiß steht für Reinheit und Unschuld, Grün für Neid, Rot- und Gelbtöne gelten allgemein als anregend. In anderen Kulturen wird Weiß als leer und tot empfunden, Grün ist ruhig und gut, Rot dagegen böse und schlecht. Die Farbsymbolik, die aus historischer Sicht für einen Dekorateur immer bedeutsam ist, beruht auf dieser traditionellen Gefühlseinstellung zu Farben.

Farben können zweifellos unsere Gefühle ausdrücken und unser Wohlbefinden beeinflussen. Farbe schützt nicht nur das Material, sondern, weitaus wichtiger, verleiht unserer tagtäglichen Umgebung Farbe. Interessante und harmonische Farben sind notwendig, um sich zu Hause wohl und geborgen zu fühlen.

Schwarz, Grau und Weiß

SCHWARZ HARMONIERT MIT allen Farben des Spektrums. Dennoch ist diese Farbe vor allem auf größeren Flächen problematisch. Da Schwarz das Licht absorbiert, kann es schon in kleinen Zimmern bedrückend wirken. In Mustern oder Details oder in Verbindung mit anderen Farben kann Schwarz dagegen ganz aufregend sein. Zum Abdunkeln anderer Farben sollte man es nur ausnahmsweise verwenden, weil es die Farbtöne verdirbt.

Natürlich gibt es mehr als nur ein Schwarz. Schwarz können fast alle dunklen Abschattierungen der Buntwerte wirken. Ein sehr dunkles Grün, ein Blauschwarz oder ein Braunschwarz kann zum Beispiel interessanter sein als ein reines Schwarz. Man kann eine Reihe von subtilen Schwarztönen aus Schwarz mit Blau, Dunkelrot oder Braun mischen. Schwarz wird im Allgemeinen nicht als Grundfarbe für die Lasur verwendet, da sonst kein Tiefenlicht in der Lasur entstehen kann. Fügt man Schwarz der Grundlasur für Wischtupfen oder Farbwaschen hinzu, wirkt die Lasur vor allem über einem weißen Grund leicht grau. Über farbigen Gründen, vor allem bei Kamm-, Schwamm- und in geringerem Maße bei Zugtechniken ist der Farbeffekt sehr intensiv. Über gelbem Grund kann die Lasur ziemlich grün wirken.

Weiß

Weiß passt natürlich zu allen Farben. Als Gegensatz zu Schwarz reflektiert Weiß das Licht und wirkt freundlich und optimistisch. Weiß kann einen wunderschönen Hintergrund für andere Farben abgeben. Man kann es aber auch als Hauptfarbe verwenden und mit anderen neutralen Farbtönen ergänzen. Weiß kann raffiniert, aber auch steril und sachlich wirken. Es gibt zahlreiche Weißtöne. In Indien unterscheidet man vier Weißtöne: das grünliche Weiß des

Meerschaums, das blaue Weiß der Wolken, das gelbe Weiß des Mondes und das zarte Rosaweiß der Schneckenmuschel. Vielleicht können noch das Weiß von Leinen, Spitzen, Damast, Elfenbein und der Farbton Ekrü hinzugefügt werden.

Eine weiße Lasur ist ungewöhnlich, aber durchaus möglich und kann über jeden hellen, intensiven oder dunklen Farbton gelegt werden. Legt man eine weiße Lasur über Wischtupfen oder Farbwaschen, wirkt diese verschwommen, Zug- und Kammtechniken kommen deutlicher heraus. Weiße Lasuren benötigen sehr viel Farbe.

Grau

Grautöne wirken ziemlich unentschieden und geheimnisvoll, vor allem deshalb, weil sie sich in Temperatur und Charakter so sehr unterscheiden.

Wie ein Chamäleon nimmt Grau die Farbe der Umgebung an und wird oft als neutraler Farbton eingesetzt. Grau kann Licht absorbieren oder reflektieren, je nachdem, ob es sich wie Schiefergrau dem Schwarz oder als sehr heller Ton einem sehr hellen, fast weißen Grau nähert. Normalerweise erhält man Grau, indem man Schwarz mit Weiß vermischt. Dabei entsteht jedoch eine charakterlose, langweilige Farbe. Durch Mischen mehrerer Farben mit Weiß erhält man weit interessantere Grautöne. Blautöne mit Umbratönen und Weiß gemischt ergeben ein kühles Grau. Rosatöne mit Grüntönen und Weiß geben einen warmen Grauton. Aus zwei Komplementärfarben lassen sich interessante Grautöne mischen. Orange und Blau mit Weiß gemischt, ergibt ein warmes Grau. Gelb und Violett plus Weiß gibt einen kühlen Grauton. Wenn der Farbton zu kalt ausfällt, kann man noch Rot hinzufügen.

Als Basisfarbe kann Grau eine Farblasur ziemlich abtöten. Einige Marmoreffekte, wie Saint Remi, brauchen jedoch eine braungraue Grundlage. Graue Lasuren können über Schwarz, Weiß oder gedämpfte Untergründe wie Rosa gelegt werden. Paynesgrau sollte man in Öllasuren immer dick auftragen, denn durch das gelbliche Öl verwandelt sich das Blaugrau zu einem schönen Grün.

Weißabstufungen

Weißabstufungen sind Abtönungen einer Buntfarbe mit Weiß. Sie können steril wirken, oder aber auch dezent und raffiniert. Für den Maler sind sie sehr nützlich, weil sie sich mit dem ganzen Farbspektrum mischen und harmonisieren lassen. Zu den Weißabstufungen zählen Farbtöne wie Biskuitbraun, Rehbraun, Honiggelb, Beige und Steingrau.

Weißabstufungen reflektieren das Licht, sind aber nicht so hell wie reines Weiß. Sie nehmen oft die Färbung ihrer Umgebung an und verändern ihr Aussehen je nach Umfeld. Einige Weißtönungen erscheinen warm mit einem Gelb- oder Rosastich. Umbra natur mit Weiß ergibt eine kühle graubraune Farbe. Blau oder Grün mit einem Umbraton und Weiß ergibt ebenfalls eine kühle Weißabstufung. Weißabstufungen werden als Grundton für gedämpfte Lasurfarben verwendet, um den Farben einen weichen Ton zu geben. Eine häufig verwendete klassische Kombination, besonders für Zugtechniken auf Holz, ist eine Lasur aus Umbra natur und Weiß über einem weißen oder weißabgestuften Grund.

Gelb

Gelb strahlt Wärme und Sonnenfülle aus, eine gute Farbe für Zimmer, in die wenig Licht fällt. Dunkles Gelb gibt es eigentlich nicht. Wenn ein Gelb dunkel wird, verändert es sich zu Braun.

Die Reihe der Gelbtöne ist relativ begrenzt: es gibt sehr kühle grünliche, scharfe Gelbtöne, dann die mittleren orangetonigen bis eierschalfarbigen Gelbtöne (Kadmiumgelb und Chromgelb) und die Erdtöne (Lichter Ocker und Siena natur). Mit Weiß gemischt ergeben sich cremeartige oder elfenbeinfarbige Gelbtöne. Trotz dieser begrenzten Reichweite unterscheiden sich die Gelbtöne in ihrer Wirkung beträchtlich voneinander. Da sind die etwas stechenden Zitrongelbtöne, die weichen Erdgelbtöne und die frischen sonnigen Gelbtöne des mittleren Bereichs. Die meisten Gelbtöne der Dekorationspalette haben einen leichten Stich ins Schmutzige; sie tendieren eher zu Senf und Eigelbtönen als zu dem frischen Grüngelb der Zitronen. Das kommt wahrscheinlich durch die Empfindlichkeit der Gelbtöne, deren Farbton sich bei künstlichem Licht verändert. Blasses Gelb geht im Dunklen unter, wird von dem gelben künstlichen Licht verschluckt. Helles Zitrongelb (mit Grün) sieht beißend und grünlich aus. Die Wirkung einer solchen Farbe bei Nacht muss daher unbedingt an einem Probestück getestet werden.

In Lasuren bevorzugt man die Erdgelbtöne, da sie ihre Intensität auch bei Verdünnung erhalten und erstaunlich hell sind. Um eine gelbe Lasur mittleren Tonwerts zu verändern, fügt man Braun- oder Orangetöne mit oder ohne Weiß hinzu. Die Komplementärfarbe zu Gelb, Violett, kann den Mischungen zugefügt werden, um die Gelbtöne abzudunkeln und zu vertiefen. Eine gute Grundfarbe für eine gelbe Lasur ist außer Weiß auch ein helles Orange, das einen warmen Farbton ergibt. Will man einen intensiven Gelbton, so lasiert man ein intensives über ein helles Gelb.

Lichter Ocker, dunkles Eisenoxidrot und Weiß

Lichter Ocker

Siena natur und Weiß

Orange und Weiß

Blau

Von allen Farben bietet Blau die meisten Kontraste. Blau kann ganz hell und weißlich sein oder dunkel und fast schwarz wie in Marine- oder Militärblautönen.

Im Farbton reicht die Blaureihe von exotischen grünlichen Blautönen, Pfauenblau, Türkis und tropischem Meeresblau, über die sauberen mittleren Blautöne, Kornblume, Chinablau und Lapislazuli, bis zu den rötlichen Tönen von Lilablau, Heliotrop und Lavendelblau. Blau kann sehr klar und einfach wirken wie ein Sommerhimmel, das Meer und traditionelles Gingan.

Mit Zugabe von Braun oder Orange erhält man eine geheimnisvollere und komplexere Reihe von Blaugrautönen, sowohl in den kühlen wie auch den warmen Tönen wie Wedgwood-Blau, Enteneiblau und Schwedischblau.

Die blauen Farbpigmente reichen von Grünblau (Preußischblau) zu rötlichem Blau (Ultramarinblau) und einem kräftigen Mittelblau (Kobaltblau). Alle anderen Blautöne können aus diesen Farben abgeleitet werden, meist mit Zugabe von Weiß, Zitrongelb, Kupferrot, Grün, Umbratönen oder Siena.

Früher war die Verwendung von Blau in Öllasuren heikel, da das gelbliche Leinöl die Blautöne vergrünte. Man musste viel Weiß zufügen, um das Vergilben aufzufangen. Da Weiß eine sehr deckende Farbe ist, ging so jedoch die Transparenz und Tiefe der Lasur verloren. Blau wird daher als Dekorationsfarbe von vielen Leuten gemieden, weil es als kalt und schwierig gilt.

Heute gibt es wasserlösliche Lasuren, die nicht gilben. Damit ist dieses Problem gelöst. Natürlich gibt es kalte Blautöne, die nicht für eine gemütliche Wohnzimmeratmosphäre taugen. Es gibt aber auch viele warme Blautöne, mit denen es Spaß macht zu leben.

Am besten vermeidet man vergraute oder grünliche Blaus, braune oder violette Blautöne und sehr dunkle Blaumischungen. Solche Farben wirken durch die damit verbundene Assoziation, aber auch weil sie viel Licht schlucken, kühl und ungemütlich. Nehmen Sie lieber Blautöne mit einem rötlichen Stich, wie Ultramarinblau, die warme Töne ergeben.

Die Grundfarbe ist für blaue Lasuren sehr wichtig. Ein gelber Grundton gibt einer mittelblauen Lasur einen Türkiston. Eine violettblaue Lasur über einer gelben Grundierung bringt dagegen ein unschönes Grau hervor. Um das Blau intensiv und leuchtend erscheinen zu lassen, sollte man als Grundfarbe ein scharfes, helles Blau und für die Lasur ein intensives, ziemlich dunkles Blau nehmen. Um ein Blau wie ein Sommerhimmel mit Tiefe und Leuchtkraft zu erhalten, muss man eine mittelblaue Kobaltlasur über einen weißen oder hellblauen Grundton lasieren. Ein rosafarbener Grundton gibt einer ultramarinblauen Lasur ein warmes Leuchten.

Ultramarinblau, Umbra gebrannt und Weiß

Ultramarinblau, Alizarinkarmesin und Weiß

Rot

IM VERGLEICH ZU der großen Reihe der Blau- und Grüntöne gibt es relativ wenig Rottöne, die man wirklich als Rot bezeichnen kann. Rottöne liegen zwischen Purpur und Orange.

Rottöne, die wenig Blauanteile und keine Gelbanteile haben, sind die dunklen Karminfarben, die Licht absorbieren, aber warm wirken, wie Burgunderrot, Mahagoni und Ochsenblutrot. Näher am Orange wirken die Rottöne hell, glühend und reflektierend wie das Rot der Tomaten, Erdbeeren und Geranien.

Ein echtes Rot hat keinen Weißanteil. Durch Weiß wird es sofort Rosa.

Die beiden Gruppen der roten Mineralpigmente sind die leuchtenden Kadmium- und Zinnoberpigmente und die dunkleren Karminvarianten des Alizarinkrapplacks. Die Erdpigmente, Indischrot und Eisenoxidrot, sind in Wirklichkeit braun.

Ein echtes Rot auszumischen, ist nicht ganz einfach bei Öllasuren, die dazu neigen, die hellen Mineralpigmente auszubleichen. Das ist nun mit wasserlöslichen Lasuren kein Problem mehr und ein leuchtendes Tomatenrot kann leicht hergestellt werden.

Eine Grundfarbe sollte Licht reflektieren oder ganz hell sein. Daher ist Rot dafür ungeeignet. Für eine rote Lasur werden helle Orange- und Rosatöne als Grundfarbe genommen. Im Ergebnis wirkt das Rot mit einer intensiven Grundfarbe kräftiger, wenn man z. B. ein intensives Rosa als Basis für einen Karmineffekt nimmt. Eine rote Lasur über Weiß sieht rosa und kraftlos aus.

Grün

Die Reihe der Grüntöne reicht von gelblichem Lindgrün zu bläulichen Türkisfarben mit einer Vielzahl von Nuancen wie gedämpfte, scharfe, helle, intensive, blasse und tiefe Grüntöne. Die Grüntöne liegen im Farbspektrum zwischen Rot und Blau und sind daher – theoretisch – weder warm noch kalt. Die blaugetönten Türkis- und Aquamarinnuancen wirken wegen ihres hohen Blauanteils dennoch ziemlich kalt. Die helleren Grüntöne, vor allem die gelbgrünen, reflektieren mehr Licht als die tieferen, gedämpften blaugrünen Farben.

Bei den Erdpigmenten gibt es die gedämpften Grüntöne der Grünen Erden und des Chromoxidgrüns (stumpf). Zu den grünen Mineralpigmenten zählen die bläulichen Farbtöne des Phthalocyaningrüns und des Chromoxidgrüns, die oft als feurig bezeichnet werden.

Aus Blau und Gelb lässt sich am schnellsten ein Grün mischen, das jedoch meist langweilig und zu grell ausfällt. Man kann Grüntöne auf ganz unterschiedliche Weise ausmischen. Es gibt einige überraschende Mischungen wie z. B. Olivgrün aus Zitrongelb mit Schwarz. Nehmen Sie dazu ein reines Zitrongelb und kein rötliches Gelb, das ergibt mit Blau eine schmutzige Farbe.

Alle Grüntöne verhalten sich in Lasuren und den verschiedenen Oberflächenbehandlungen gut. Je nach gewünschter Farbtiefe kann der Grundanstrich blasses oder leuchtendes Weiß, Gelb, Blau oder Grün sein. Eine gelbe Grundierung unter einem mittleren Grün oder Gelbgrün ergibt ein frisches Grasgrün. Satte, intensive Grüntöne erhält man mit einer mittelgrünen Lasur über einer leuchtend grünen Grundierung.

Rosa

Rosa ist im Grunde ein mit Weiß abgemischtes Rot, doch ist der Charakter von Rosa völlig verschieden von dem des Rots. Aus den Ausgangsfarben Rot und Weiß lassen sich eine Vielzahl von Rosatönen ermischen, leuchtend intensive und blasse, weiche Töne. Der Farbton ist immer ein warmer.

Es gibt zwei verschiedene Sorten von Rottönen. Die sehr klaren Rosatöne mischt man aus Karmin und anderen roten Pigmenten wie Kadmiumrot, Zinnoberrot und Alizarinkrapplack. Die andere Gruppe, bräunliche Rosatöne, entstehen aus Erdpigmenten wie Indischrot und Venezianischrot.

Die erste Gruppe enthält mehr die einfachen Rosatöne. Aus Karminrot und Weiß lässt sich ein magentatoniges Rosa mischen. Dieses Grundrosa kann mit der Zugabe von mehr Weiß oder mehr Rot entweder sehr hell und knallig werden oder mehr ins Himbeerartige gehen. Aus mittleren Rottönen und Weiß entstehen Erdbeerrosatöne sowie Krabben- und Lachstöne. Wenn diese Rosatöne kräftig genug sind, wirken sie lebhaft, sind sie zu schwach, ergeben sich geschmacklose Babyrosatöne.

Die bräunlichen Erdrotpigmente mit Weiß gemischt ergeben sehr schöne tiefe Rosatöne, ähnlich dem hellen Terrakottarosa auf italienischen, afrikanischen oder indischen Häuserwänden. Die schmutzigen, verwaschenen Rosatöne eignen sich auch sehr gut für die Innendekoration.

Weiß, helles Rosa, Orange und Gelb sind gute Grundfarben für eine Lasur in erdigem Rosa. Ein leuchtendes Rosa kann als Basis für ein Rot oder Orange verwendet werden, um eine sehr kräftige, intensive und leuchtende Farbe zu schaffen. Rosatöne lassen sich auch gut mit dunklen Grün- und Blautönen kombinieren.

Braun

Das Spektrum der Brauntöne reicht von tiefen Orange-Terrakotta-Farben und dunklen Schokoladentönen bis zu hellen Rosabraun- und beigen Farbtönen. Brauntöne können sowohl warm wie auch kalt wirken und sind dunkel oder hell auszumischen.

Die braunen Farben basieren auf zwei Gruppen von Erdpigmenten – Eisenoxiden und Umbraerden. Die Oxide, auch rote Ockererden genannt, sind warme, rost- oder terrakottafarbene Töne, die auf der ganzen Welt zu finden sind. Einige Farbtöne, wie Indischrot, enthalten einen Stich ins Violette durch Mangananteile, während andere wie Siena gebrannt zu Orange tendieren. Nach Zugabe von Weiß werden diese Farben rosabraun. Diese Brauntöne eignen sich gut für Innenanstriche, da sie warm wirken und mit vielen anderen Farben, vor allem Blau- und Grüntönen, harmonieren.

Umbra gebrannt ist ein warmes, schokoladenbraunes Erdpigment; Umbra natur ein kühles, grünlich-braunes Pigment. Die Umbrafarben haben keine so starke Ausstrahlung wie die Eisenoxide, geben aber doch ganz brauchbare Dekorationsfarben ab. Mit Weiß gemischt ergeben sich subtile hellbraune und kittfarbene Töne. Auf einen intensiv orange oder grell rosa Grund lasiert können Terrakottafarbtöne sich erstaunlich satt und üppig entfalten. Auf einen hellen oder weißen Grundanstrich aufgetragen, wirken solche Farben hellorange oder rosa. Die Umbrabrauntöne wurden traditionell über weißen oder beigefarbenen Grundierungen verwendet, vor allem in Zugtechniken auf Holz.

Für die Holzimitation ist es wichtig, eine große Reihe von Brauntönen anzumischen, von hellen Eichentönen bis zu Walnuss und Mahagoni.

KAPITEL II

Materialien und Arbeitsgerät

Ein Pinsel und etwas Farbe – und schon kann die Arbeit beginnen. Vielleicht regt Sie ein Blick auf besondere Materialien und Arbeitsgeräte doch zu mehr Wagemut an.

Vorbereiten des Untergrundes

VOLLER BEGEISTERUNG UND IDEEN will man sich am liebsten kopfüber in die Arbeit stürzen und bedenkt nicht, dass man sich vorher gründlich vorbereiten muss. Ein Zimmer neu streichen kann tatsächlich sehr schnell gehen, erfordert aber dennoch eine gewisse Planung. Hängen Sie alles von den Wänden ab und stellen Sie die Möbel in die Mitte des Zimmers oder ganz hinaus, damit Sie sich frei bewegen und die Wände aus einiger Entfernung betrachten können. Reinigen Sie die zu dekorierenden Flächen mit einem Lappen oder dem Staubsauger, da beim Möbelrücken viel Staub aufgewirbelt wird. Dekorateure benutzen dafür gewöhnlich eine kurzstielige Bürste oder einen kräftigen Borstenpinsel.

Abdeckpapiere sollte man im ganzen Zimmer, vor allem aber über Teppichen auslegen. Das im Malerbedarf erhältliche Abdeckpapier (oder Abdeckfolie) ist dafür am besten geeignet. Natürlich gehen auch alte Zeitungen und ausgediente Vorhänge oder Stoffe.

Bei Teppichböden kleben Sie die Fußleisten ab, damit keine Farbe auf den Boden gerät. Es gibt verschiedene Sorten von Abdeckband, das Kreppband ist dehnbar, das feste Band klebt besser. Andere wiederum haben wenig Klebkraft und lassen sich nicht so stark dehnen.

Risse in der Wand müssen vor dem Anstrich verputzt werden. Möbelstücke, die neu gestrichen werden sollen, müssen gänzlich von alten Farben, Firnissen oder Wachsspuren gesäubert werden.

Tragen Sie den Grundanstrich mit einer Rolle oder einer Bürste auf, je nachdem, was für Sie einfacher ist. Wenn Sie einen sehr großen Farbeimer benutzen, können Sie kleinere Farbmengen in Töpfe oder Farbwannen umfüllen. Beim Streichen von Ecken und Kanten mit einem kleinen Pinsel ist ein kleiner Farbeimer mit Griff nützlich. Halten Sie immer Wasser und einen Schwamm oder Lappen bereit, um Spritzer abzuwischen. Lassen Sie sich Zeit, um Ihre Arbeit gründlich auszuführen.

Staubpinsel
Ein robuster Pinsel kann verwendet werden, um den Staub von den zu dekorierenden Flächen, vor allem in den Ecken und Kanten zu wischen.

Spachtelmasse (Moltofill)
Spachteln Sie Risse oder Löcher in den Wänden mit einer Spachtelmasse aus. Verwenden Sie dazu einen kleinen Malerspachtel.

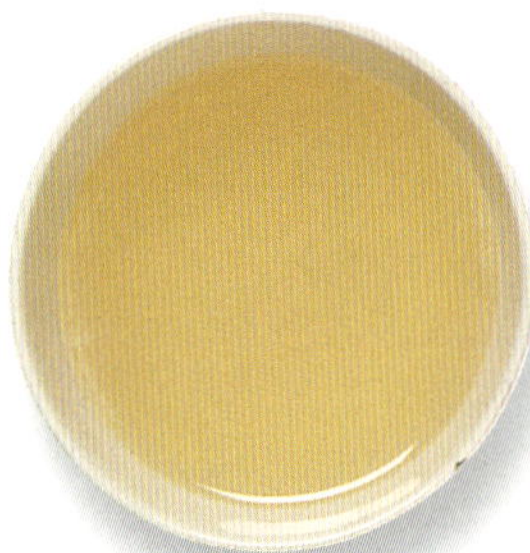

Abbeizflüssigkeit
Alte Farbe und Firnis sollte mit einem alten Pinsel und Abbeizflüssigkeit entfernt werden.

Schutzhandschuhe
Schutzhandschuhe können bei allen Vorbereitungsarbeiten getragen werden, ganz wichtig sind sie beim Abbeizen.

Sandpapier
Es gibt verschiedene Sorten Sandpapier von rau bis sehr fein und nass zu verwendendes Sandpapier für völlig glatte Flächen.

Wachsentferner
Um eine Fläche von Wachsresten zu befreien, braucht man einen speziellen Wachsentferner, der mit Stahlwolle aufgetragen wird.

Abdeckband
Abdeckbänder gibt es in verschiedenen Ausführungen. Kleben Sie die Fußleisten ab, um den Teppichboden vor Farbe zu schützen.

Haushaltspinsel
Mit Haushaltspinseln in verschiedenen Größen kann man den Grundanstrich auftragen. Diese Pinsel sind auch für Lasuren gut geeignet.

Malereimer
Füllen Sie kleinere Farbmengen in einen Eimer mit Griff um.

Rolle und Farbwanne
Mit einer Rolle kann man auch große Flächen zügig streichen.

Abdeckfolie/ Staubdecken
Mit Abdeckfolie sollte man alle Möbel und Teppiche abdecken, um sie vor Farbspritzern zu schützen. Spritzer mit einem feuchten Lappen sofort abwischen!

Pinsel und Bürsten

FÜR MALERARBEITEN BRAUCHT MAN geeignete Pinsel. Nichts ist frustrierender als ein schlechter, aus der Form geratener Pinsel. Bevor man viel Geld für teure Pinsel ausgibt, sollte man zunächst die Grundlagen der jeweiligen Dekorationstechnik kennen.

Pinsel erhält man in Malergeschäften oder in Künstlerbedarfsgeschäften, wobei die hier gezeigten speziellen Pinsel nur eine kleine Auswahl aus dem großen Angebot sind. Es gibt z. B. eine große Zahl von Fitschern in unterschiedlicher Größe und Form. Der Profi hat immer mehrere Pinsel für die vielfältigen Arbeiten zur Auswahl. Die Fitscher mit langen Borsten und runden Köpfen sind für die unterschiedlichen dekorativen Arbeiten unerlässlich. Andere Pinsel sind nur für spezielle Dinge geeignet.

Die Pinsel für den Alltagsgebrauch (Haushaltspinsel) sind preiswert und für die meisten Grundtechniken durchaus verwendbar. Mit zunehmender Fertigkeit und höheren Ansprüchen kann man dann zu den Pinseln mit besserer Qualität übergehen. Solche Pinsel sind immer eine gute Investition: sie halten ein Leben lang und man erzielt ausgezeichnete, bleibende Resultate.

Ein Pinsel in guter Qualität muss genug Farbe aufnehmen und gut auftragen. Ein billiger Pinsel hat härtere, weniger elastische Borsten, die nicht so dicht wie bei den teuren Exemplaren angeordnet sind. Ein alter, abgenutzter Pinsel kann durchaus beim Erlernen einer neuen Technik verwendet werden.

Pinsel müssen sorgfältig gepflegt werden, damit sie lange halten. Bei Verwendung von wasserlöslichen Acrylfarben müssen sie gleich nach Gebrauch mit Wasser und Pinselseife ausgewaschen werden. Falls doch einmal Acrylfarben eingetrocknet sind, tauchen Sie den Pinsel in Methylalkohol, um die fest gewordene Dispersion wieder anzulösen. Pinsel, mit denen Ölfarben vermalt wurden, müssen in Terpentinersatz (Testbenzin) oder Terpentin ausgespült und dann in warmem Wasser nachgespült werden. Gehen Sie mit dem Verdünnungsmittel nicht zu sparsam um!

Schlagpinsel
Schlagpinsel haben längere Borsten als Zugpinsel. Sie werden für Ziehen, Schlagen, Moiré und Eichenmaserung verwendet.

Tapetenbürste
Eine lange kurzborstige Bürste für Zugtechniken und Maseriereffekte.

Stupfbürsten
Eine Bürste mit steifen Borsten zum Aufnehmen feiner Farbpartikel der Lasur. Erhältlich in verschiedenen Größen. Eine einfache Qualität reicht für Acrylfarben aus.

Feinmaserpinsel
Dieser spezielle Pinsel kann für die erste Maserung verwendet werden.

Modler oder Maserer
Für die Maserung mit Ölfarblasuren

Modler aus Rotmarderhaar
Für Maserung mit Acrylfarblasuren

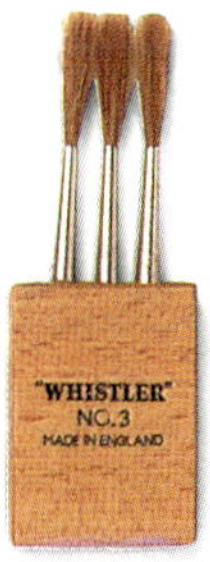

Kurzborstige Flachpinsel
Diese Pinsel können auf unterschiedliche Weise und für viele Techniken verwendet werden, auch zum Farbwaschen, Ziehen und Firnissen von großen Flächen.

Dachshaarpinsel (Schlichter oder Verwaschpinsel)
Zum Vermalen und Verwischen vieler Effekte, besonders bei Bravouranstrichen. Dachshaar ist sehr weich und biegsam.

Schweinsborstenpinsel (Schlichter oder Verwaschpinsel)
Zum Vermalen von Ölfarbkonturen. Schweinshaar gibt feste, aber biegsame Pinsel.

Dachshaarpinsel
Diese Pinsel in einfacher Qualität sind preiswerter als die teuren Profi-Schlichter.

Schlepper und feine Künstlerpinsel
Mit dem Schlepper werden Marmoradern gezogen. Künstlerpinsel für Details und feine Linien sind in verschiedenen Haar- und Borstenmischungen erhältlich.

Fitscher
Fitscher sind langstielige Pinsel mit runder oder flacher Zwinge. Es gibt sie mit runden, rechteckigen, spachtelförmigen oder spitzen Pinselköpfen und mit langen oder kurzen Borsten.

Schwämme, Lappen und Kämme

Beim dekorativen Malen hängt viel davon ab, wie man die Farbe aufträgt. Für einige Techniken braucht man spezielle Pinsel, in anderen Fällen Schwämme, Lappen oder Kämme, um einen bestimmten Effekt zu erzeugen.

Schwämme verwendet man zum Auftragen und Entfernen von Farbe und Lasur, auch als Hilfsmittel der Maserungstechnik. Früher waren nur natürliche Meeresschwämme erhältlich. Heute kann man auch künstliche Schwämme mit unregelmäßigem Lochmuster kaufen. Ihre rechtwinklige Form beeinflusst allerdings den Effekt. Dünne Küchenschwämme sollten nicht für dekorative Arbeiten, sondern nur zum Saubermachen und Wischen benutzt werden.

Für die Wisch- oder Rolltechnik braucht man viel Baumwollstoff. Alte Baumwollhemden gehen zunächst auch. Der weiche Baumwollstoff ergibt einen feinen und subtilen Effekt. Sie können auch andere Stoffsorten verwenden. Vermeiden Sie aber Stoffe mit hohem Nylon- oder Polyestergehalt, da sie nicht genug absorbieren.

Trikotstoff (Stockinett) ist ein dehnbares, ungleichmäßig gewebtes Baumwolltuch. Man braucht es für die Trikotstofftechnik, um überschüssige Farbe aufzunehmen und um Pinsel- und Kammstriche zu verwischen. Stockinett aus Nylon ist ungeeignet. Experimentieren Sie ruhig mit allen möglichen Stoffsorten. Denken Sie jedoch daran, dass viel Stoff notwendig ist, um die jeweilige Technik richtig zu beenden.

Die ursprünglich bei Holzmaserungstechniken benutzten Kämme verwendet man heute auch bei anderen Gestaltungsarten. Es gibt diverse Kämme aus Kunststoff. Auch selbst gefertige Kämme aus Plastikkarten oder Karton erfüllen ihren Zweck. Für die Holzmaserungs- und Moirétechnik sind im Malerfachgeschäft spezielle Maserstempel aus Holz oder Plastik erhältlich.

Kunststoffschwamm
Ein fester, kompakter Schwamm mit Löchern wie im Naturschwamm

Naturschwamm
Jeder Schwamm sieht anders aus und ergibt einen anderen Effekt in der Lasur.

Lappen
Alte Baumwolltücher und ausgediente Baumwollhemden können für dekorative Maltechniken verwendet werden.

Dünner Haushaltsschwamm
Dieser Schwamm sollte nur zum Säubern und nicht für Maltechniken verwendet werden.

Maserroller
Diese Werkzeuge sollen die Maserung verschiedener Holzarten imitieren. Sie werden durch die Lasur gezogen und gleichzeitig bewegt. Diese Gummiroller sind besonders gut für Acrylprodukte geeignet. Es gibt sie in verschiedenen Größen.

Graduierter Gummikamm
Ein weicher Gummikamm mit abgestuften Abständen zwischen den Zinken zum Kämmen und Holzmalen.

Dreieckskamm
Jede Seite des Plastikkammes hat unterschiedlich weite Zinken.

Maserstempel aus Plastik
Der abnehmbare Plastikkopf kann ausgetauscht werden, um eine breite Eichen- oder eine feine Kiefernmaserung zu erzeugen. Plastikwerkzeuge eignen sich besonders gut für Ölfarben, können aber auch mit Acrylfarben verwendet werden.

Selbst gemachte Kämme
Aus Plastikfliesen oder Kartonstücken lassen sich mit einem scharfen Teppichschneider eigene Kämme herstellen.

Trikotstoff
Für Bravourtechniken wie für die Trikotstofftechnik geeignet.

Farben und Lasuren

Für die vielen unterschiedlichen Maltechniken wie Ziehen und Schwammtechnik, Masertechnik und Marmorierung werden immer drei Zutaten benötigt: die Grundfarbe, die Lasur und das Farbmittel für die Lasur.

Der jeweilige Maleffekt kann entweder mit Öl- oder mit Acrylfarben erreicht werden. Die wasserlöslichen Acrylfarben (Dispersionsfarben) sind für viele die einfachste Lösung, da sie leicht zu verarbeiten sind, schnell und geruchslos trocknen. Pinsel werden einfach in Wasser ausgewaschen.

Viele Profis ziehen jedoch Ölfarben vor. Ihre längere Trockenzeit ist für größere Flächen praktischer. Schwierigere Techniken, wie Marmorierung, erhalten mit Öllasuren größere Tiefe.

Die Farblasur wird am besten über einen nicht saugenden Grundanstrich aufgetragen, wie z. B. eine wasserlösliche mattseidene Kunststoffdispersion. Eine glänzende ölhaltige Schicht stößt die wasserlösliche Lasur ab und eine matte Schicht absorbiert sie ganz. Eine mattseidene ölhaltige Farbe wie Eierschalfarbe sollte als Basisanstrich für Ölfarblasuren genommen werden.

Eine Lasur ist eine farblose, durchsichtige, langsam trocknende Flüssigkeit, der man Pigmente oder bereits fertige Farbe zugibt. Farblasuren werden über den Grundanstrich gemalt und dann mit einem Werkzeug wie einer Bürste, einem Pinsel oder einem Lappen bearbeitet, sodass der Untergrund wieder frei wird.

In der dekorativen Maltechnik haben sich Öllasuren bewährt. In letzter Zeit wurden jedoch neue Dispersionen für wasserlösliche Lasuren entwickelt, die sehr populär geworden sind. Es gibt auch bereits eingefärbte Lasuren. Am einfachsten färbt man Dispersionen durch Zufügen von wasserlöslichen Farben ein. Je mehr Farbe zugefügt wird, desto dunkler wird die Lasur und desto schneller trocknet sie. Pulverpigmente können der Lasur oder der Farbe ebenfalls beigegeben werden. Zum Einfärben von Öllasuren verwendet man Ölfarben oder Pulverpigmente.

Dekorationsfarben mit niedrigem Dispersionsgehalt sind in speziellen Malerbedarfsgeschäften erhältlich. Mit ihnen kann man Möbel bemalen, Schablonieren und Antiquieren. Sie eignen sich auch gut zum Einfärben von Dispersionslasuren.

Öllasur
Das Leinöl in dieser traditionellen Lasur hat einen vergilbenden Effekt. Der Flammpunkt der Öllasur liegt bei 40°. Lasurgetränkte Lappen sollte man daher vor dem Wegwerfen gründlich trocknen lassen.

Dispersionslasur
Ein leicht anzuwendendes modernes Mittel. Wasserlösliche Dispersionen sehen im Gebinde weiß aus, trocknen nach Aufstreichen jedoch glasklar auf.

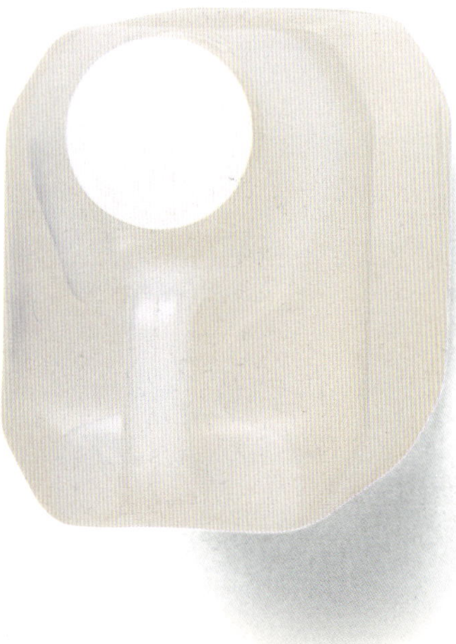

Verdünnungsmittel
Öllasuren müssen mit Testbenzin oder Terpentin verdünnt werden.

Vorgefärbte Lasuren
Man kann Lasuren auch bereits eingefärbt kaufen. Einige, wie die hier, haben ein warmes Braun für Masertechniken, andere zeigen helle Farbtöne.

Pulverpigmente
Reine Pigmente sind in pulverisierter Form erhältlich. Beim Färben einer Lasur muss man darauf achten, dass sie sich vollständig aufgelöst haben, damit sie keine unregelmäßigen Farbflecken bilden können.

Künstlerölfarben
Ölfarben können naturgemäß nur in Öllasuren verwendet und müssen zum Mischen verdünnt werden. Auch zum Malen müssen sie verdünnt werden.

Dispersions-/Acrylfarbe
Mit Acrylfarben werden Dispersionslasuren eingefärbt. Die Farben werden in der Lasur natürlich etwas verdünnt. Acryl- (oder Vinyl)farben können auch zum Schablonieren und für das Freihandmalen verwendet werden.

Basisanstrich
Mattseidene Farben (seidenmatt oder eierschalfarben) sollten für den Basisanstrich verwendet werden. Als Faustregel gilt: ein Dispersionsgrund für Dispersionslasur und ein Ölgrund für Öllasur. Eine dunkle Lasur wirkt auf einem hellen Grundanstrich gut, ebenso eine helle Lasur über einem dunklen Grund.

Schablonieren und Drucken

Die Idee des Schablonierens ist seit Jahrhunderten bekannt. In letzter Zeit wurden jedoch neue und auch bessere Materialien entwickelt. Wenn man den Entwurf festgelegt hat, kann man nun zwischen mehreren Methoden wählen.

Man kann den Entwurf mit Pauspapier auf einen Schablonierkarton übertragen und mit einem Schneidemesser ausschneiden. Als Unterlage braucht man einen Karton oder eine spezielle Schneidematte. Die nicht ganz billigen Schneidematten sind sehr nützlich, da sie im Unterschied zu Karton- oder Holzunterlagen von den Messerschnitten kaum beschädigt werden.

Man kann aber auch Schablonen aus Azetatfolie schneiden, einem transparenten Material, auf das sich der Entwurf direkt zeichnen lässt. Diese Folie wird mit einem Schneidemesser (Schabloniermesser) oder einem Spezialheißschneider über einer Glasplatte ausgeschnitten.

Mit dem Spezialschneider erhält man sehr saubere Schnitte und muss weniger Druck ausüben. Es gibt natürlich auch eine große Zahl von vorgefertigten Schablonen aus Papier oder Plastik.

Schablonenentwürfe können sowohl mit den traditionellen Schablonenpinseln als auch mit Schaumstoffrollen übertragen werden (s. S. 30-31). Schneller als mit dem Schablonenpinsel lassen sich Schablonen mit einem Schwamm durchtupfen. Auch ein Spray kann verwendet werden.

Drucken mit Druckstempeln ist eine relativ neue Technik, die eine alte Tradition des Stoff- und Tapetendrucks wiederbelebt. Mit einem scharfen Messer lassen sich aus verschiedenen Materialien Druckmodelle herstellen, wie z. B. aus einem Schwamm, Styroporverpackungsmaterial, aus Kartoffeln oder anderem harten Gemüse. Im Handel sind vorgefertigte Druckformen erhältlich.

Schneidematte
Eine schneidfeste Unterlage lohnt sich, wenn man viele eigene Schablonen schneidet.

Glasscheibe
Beim Schneiden von Azetatfolie mit einem Heißschneider braucht man als Unterlage eine Glasscheibe.

Azetatfolie
Eine Azetatschablone lässt sich leicht schneiden und verwenden. Das transparente Material erleichtert die Wiederholung von Mustern.

Schablonenkarton und vorgezeichnete Schablonen
Schablonenkarton ist sehr fest und kann mehrmals verwendet werden. Diese vorgezeichneten Schablonen (ganz links) sind zum Ausschneiden vorbereitet.

Bleistift
Bei mehrmals wiederholten Mustern ist es hilfreich ein Raster für die Muster vorzuzeichnen.

Schablonenpinsel
Schablonenpinsel mit kurzen steifen Borsten gibt es in vielen verschiedenen Formen und Größen.

Schaumstoffrolle und Farbschale
Kleine Rollen sind sehr nützlich zum Schablonieren. Man kann mit ihnen auch Farbe auf einen Druckstempel auftragen.

Heißschneider
Ein elektrisch beheiztes Schneidemesser ist das schnellste und einfachste Werkzeug zum Schneiden von Azetatfolie.

Druckstempel
Vorgefertigte Druckstempel gibt es in zahlreichen Motiven.

Schneidemesser
Mit einem scharfen Schneide- oder Schabloniermesser lassen sich sowohl Schablonen wie Azetatfolien schneiden.

Selbst gemachte Druckstempel
Man kann eigene Stempel aus Styropor, Schwämmen oder Gemüsestücken schneiden. Man muss nicht immer ein Motiv fertigen, denn oft genügt auch eine einfache Form wie ein Schwammabdruck, um eine interessante Textur zu schaffen.

Vergolden und Antiquieren

Vielleicht wollen Sie die fertig dekorierte Fläche mit einem Metall- oder Krakelee-Effekt noch weiter verschönern. Vergolden ist ein seit alters her bekanntes Kunsthandwerk, das nur durch jahrelange Praxis beherrscht werden kann. Neue Materialien machen das Vergolden auch Amateuren möglich. Auch die Lacke zum Antiquieren von Möbelstücken sind weiterentwickelt worden.

Für das traditionelle Vergolden gibt es ganz spezielle Werkzeuge. Vergolder verwenden echtes Blattgold, das zurechtgeschnitten auf einem Vergolderkissen liegt und mit einem Anschießer auf einen Gessogrund aufgelegt wird. Danach wird das Gold mit einem Polierstein glatt poliert. Zu Dekorationszwecken gibt es heute auch preiswertes Transfer-Gold und Goldfarbe, wodurch die Arbeit schneller und leichter wird.

Alterungseffekte lassen sich mit vielen Techniken schaffen. Firnis oder Wachs kann gefärbt oder mit Stahlwolle bearbeitet werden. Andere Lacke erzeugen einen Krakelee-Effekt auf der Oberfläche des Möbelstücks. Die traditionellen Methoden des Antiquierens beruhen auf dem Prinzip des Abstoßens von Öl und Wasser. Mit den neuen Acrylfarben stehen heute andere Möglichkeiten zur Verfügung.

Pinsel
Der Anschießer (unten) bringt das Blattgold ganz sanft auf die Fläche. Mit einem Borstenpinsel (rechts) wird der Gessogrund aufgetragen.

Gesso
Eine Mischung aus Gips (oben) und Hasenleim (unten). Als fertige Mischung und als Acrylgesso erhältlich.

Goldleim
Anlegeöle (oben) und wasserhaltige Polimentleime (unten) werden verwendet, um Blattgold und Metallpulver haften zu lassen.

Bronzepulver
Bronzepulver (links) können pur oder mit klarem Wachs gemischt aufgetragen werden.

Metallfolie
Metallfolie (ganz links) ist lose und in Päckchen (unten) erhältlich. Transfer-Metalle sind leichter zu handhaben.

Achat-Polierstein
Glatte Poliersteine verhindern das Reißen des Blattgoldes.

Traditionelles Vergolden
Rotes Blattgold wird auf dem Vergolderkissen zubereitet. Mit dem Anschießer wird das feine Blatt aufgenommen (angeschossen).

Vergoldermesser
Mit diesem nicht sehr scharfen Messer wird das Blattgold zerteilt.

Firnispinsel
Für Antik-Effekte sollte man flache Firnispinsel verwenden.

Firnisse
Öl- (links) und wasserhaltige Firnisse können in Antik-Techniken verwendet werden. Man kann sie mit Pigmenten färben oder mit Stahlwolle bearbeiten.

Künstlerölfarbe
Mit Ölfarbe kann man die Risse des Krakelee-Firnisses verstärken.

Pulverpigmente
In den noch feuchten Firnis werden Pulverpigmente hineingerieben, um Alterungseffekte zu schaffen.

Grobe Stahlwolle
Eine gefirnisste Fläche wird mit Stahlwolle abgerieben, um sie alt und abgenutzt aussehen zu lassen.

Reißlack (I und II)
Zuerst wird der Grundfirnis (links) aufgetragen und mit dem Krakelierlack überstrichen (rechts). Beim Trocknen bilden sich Risse.

Rissbildungsmittel (Reißlasur)
Das wasserlösliche Rissbildungsmittel wird zwischen zwei Schichten Acrylfarbe aufgetragen. Die obere Schicht reagiert mit dem Krakeliermittel und bildet Risse.

Patinawachs
Wird mit feiner Stahlwolle aufgetragen und mit grober Stahlwolle bearbeitet, um Alterungseffekte zu erzielen.

Lackieren und Wachsen

Lacke und Wachse schützen die Anstriche und schaffen einen besonderen Oberflächenglanz. Lackierarbeiten, sie werden oft zu rasch ausgeführt, sind wichtiger Bestandteil der dekorativen Malerei, um die Arbeit haltbar zu machen. Lacke schützen am besten, sind nicht aufwendig und halten selbst dem Kontakt mit heißen oder nassen Dingen stand.

Der traditionelle Öllack ist stark und trocknet gelblich auf. Ein Lackanstrich gibt der Arbeit Tiefe. Öllacke trocknen jedoch sehr langsam, sodass sich leicht Staubpartikel in der Lackschicht absetzen können. Acryllacke dagegen trocknen sehr schnell, geruchslos und farblos. Beide Sorten sind in matter, seidenmatter und glänzender Ausführung erhältlich, wobei nur die Acryllacke gänzlich matt auftrocknen.

Man kann Lacke mit allen Pinseln auftragen. Am besten nimmt man einen flachen Lackpinsel mit langen Borsten. Kunststoffborsten sind am besten für Acryllacke geeignet, natürliche Borsten nehmen Öllacke besser auf. Wachse schützen nicht so gut wie Lacke, geben aber einen weichen Glanz, der zu glänzendem Schein poliert werden kann. Wachse trägt man mit feiner Stahlwolle auf, damit die Lösungsmittel im Wachs tief in die Holzstruktur eindringen können. Man kann den Lacken oder Wachsen auch Pulverpigmente zufügen.

Lackierpinsel mit Kunststoffborsten
Diese speziellen Lackierpinsel gibt es in verschiedenen Größen und sie eignen sich besonders für Acryllacke.

Lackierpinsel mit natürlichen Borsten
Diese Lackierpinsel mit natürlichen Borsten sollten nur für Öllacke verwendet werden.

Öllack
Öllack, auch Polyurethanlack genannt, trocknet mit leicht gelblichem Ton auf.

Acryllack
Acryllack trocknet vollkommen klar auf.

Baumwolltuch
Mit einem Baumwolltuch wird eine gewachste Oberfläche poliert.

Patinawachs
Ein dunkelfarbiges Wachs, das dem Möbelstück eine dunkle Patina verleiht.

Klares Wachs
Klares Wachs gibt der Oberfläche einen weichen Glanz. Neutralwachs mit leicht weißlichem Ton hat den gleichen Effekt.

Pulverpigmente
Um farbige Glanzeffekte zu erzielen, kann man Pigmente in den Lack mischen oder in die lackierte Oberfläche reiben.

Feine Stahlwolle
Um Wachs aufzutragen, sollte man den feinsten Grad nehmen.

Geeignete Oberflächen

	GLATTER VERPUTZ	RAUER VERPUTZ	UNTER-TAPETE	RAU-FASER	SACK-LEINEN	STEIN/ZIEGEL
Vorbereitung (s. S. 42-43)	6 Monate trocknen lassen	Risse zuschmieren	2x grundieren	2x grundieren	Mehrmals grundieren	Mehrmals grundieren
Trikottupfen (s. S. 48-49)	Gut	Gut	Gut	Möglich	Nicht möglich	Möglich
Wischtupfen (s. S. 50-51)	Gut	Gut	Gut	Möglich	Möglich	Möglich
Frottage (s. S. 52-53)	Gut	Gut	Gut	Gut	Möglich	Gut
Stupfen (s. S. 54-55)	Gut	Möglich	Gut	Möglich	Nicht möglich	Möglich
Lappenrollen (s. S. 56-57)	Gut	Möglich	Gut	Möglich	Nicht möglich	Möglich
Auftragen/Abwischen mit dem Schwamm(s. S. 58-61)	Gut	Gut	Gut	Gut	Möglich	Gut
Farbwaschen (s. S. 62-63)	Gut	Gut	Gut	Gut	Gut	Gut
Zugtechnik (s. S. 64-66)	Gut	Möglich	Gut	Möglich	Nicht möglich	Gut
Schlagen (s. S. 67)	Gut	Möglich	Gut	Möglich	Nicht möglich	Möglich
Kammzug (s. S. 68-69)	Gut	Möglich	Gut	Nicht möglich	Nicht möglich	Nicht möglich
Sprenkeln (s. S. 70–71)	Gut	Gut	Gut	Möglich	Möglich	Möglich
Siena-Marmor/ Breccie-Marmor (s. S. 76-83 und 86-87)	Gut	Möglich	Gut	Nicht möglich	Nicht möglich	Nicht möglich
Fließmarmor (s. S. 84-85)	Nicht möglich	Nicht möglich	Nicht möglich	Nicht möglich	Nicht möglich	Nicht möglich
Malachit/Porphyr/ Lapislazuli/Achat (s. S. 90-98) *Nicht für große Flächen geeignet.*	Gut	Möglich	Gut	Nicht möglich	Nicht möglich	Nicht möglich
Granit (s. S. 99)	Gut	Möglich	Gut	Möglich	Möglich	Möglich
Schildpatt (s. S. 100-101) *Nicht für große Flächen geeignet.*	Gut	Nicht möglich	Gut	Nicht möglich	Nicht möglich	Nicht möglich
Moiré (s. S. 102-103)	Gut	Möglich	Gut	Nicht möglich	Nicht möglich	Nicht möglich
Masern (s. S. 104-111)	Gut	Möglich	Gut	Nicht möglich	Nicht möglich	Nicht möglich
Schablonenmalen und Drucken (s. S. 114-125)	Gut	Gut	Gut	Möglich	Möglich	Möglich
Vergolden (s. S. 138-145)	Gut	Möglich	Gut	Möglich	Ungeeignet	Möglich
Reißlack (s. S. 146-147) *Schwierig auf großen Flächen.*	Gut	Möglich	Möglich	Nicht möglich	Nicht möglich	Nicht möglich
Reißlasur (s. S. 148-149) *Schwierig auf großen Flächen.*	Gut	Gut	Gut	Gut	Möglich	Möglich

KORK-PLATTEN	BETON	BODEN-BRETTER	HOLZ-TEILE	MÖBEL	BUCKLIGE WAND	GLAS	METALL	BESCHICHTETE/GLÄNZENDE OBERFLÄCHEN
Versiegeln	Grundieren	Gründlich reinigen. Flecken und Firnis entfernen. Neu lackieren.	Glanzfarbe abbeizen oder schmirgeln.	Schmirgeln	Schmirgeln	Gründlich reinigen	Entrosten. Metall- oder Acrylfarbe auftragen.	Gründlich reinigen. Acryl- oder Vinylfarbe auftragen.
Gut	Ungeeignet	Ungeeignet	Möglich	Gut	Gut	Ungeeignet	Möglich	Möglich
Gut	Ungeeignet	Ungeeignet	Möglich	Gut	Möglich	Ungeeignet	Möglich	Möglich
Gut	Möglich	Möglich	Möglich	Gut	Möglich	Ungeeignet	Möglich	Möglich
Gut	Ungeeignet	Ungeeignet	Möglich	Möglich	Gut	Ungeeignet	Möglich	Möglich
Gut	Ungeeignet	Ungeeignet	Möglich	Gut	Möglich	Ungeeignet	Möglich	Möglich
Gut	Möglich	Möglich	Möglich	Gut	Gut	Ungeeignet	Möglich	Möglich
Gut	Möglich	Möglich	Möglich	Gut	Gut	Möglich	Möglich	Möglich
Gut	Ungeeignet	Ungeeignet	Gut	Gut	Nicht möglich	Ungeeignet	Möglich	Möglich
Gut	Ungeeignet	Ungeeignet	Gut	Gut	Nicht möglich	Ungeeignet	Möglich	Möglich
Gut	Möglich	Möglich	Gut	Gut	Nicht möglich	Ungeeignet	Möglich	Möglich
Gut	Möglich	Möglich	Möglich	Möglich	Nicht möglich	Möglich	Möglich	Möglich
Gut	Gut	Möglich	Möglich	Möglich	Möglich	Ungeeignet	Möglich	Gut
Möglich auf Fußböden	Gut	Gut	Nicht möglich	Gut	Möglich	Ungeeignet	Möglich	Gut
Gut	Möglich	Möglich	Möglich	Gut	Nicht möglich	Gut besonders Hinterglas.	Möglich	Möglich
Gut	Möglich	Möglich	Möglich	Möglich	Möglich	Ungeeignet	Möglich	Möglich
Gut	Gut	Ungeeignet	Möglich	Gut	Nicht möglich	Ungeeignet	Möglich	Möglich
Gut	Ungeeignet	Ungeeignet	Gut	Gut	Nicht möglich	Ungeeignet	Möglich	Möglich
Gut	Möglich	Möglich	Gut	Gut	Möglich	Nicht möglich	Möglich	Möglich
Gut	Gut	Gut	Gut	Gut	Nicht möglich	Gut mit Sprays	Möglich	Möglich
Gut	Ungeeignet	Ungeeignet	Möglich	Gut	Gut	Gut	Möglich	Möglich
Gut	Ungeeignet	Ungeeignet	Möglich	Gut	Nicht möglich	Nicht möglich	Möglich	Möglich
Gut	Ungeeignet	Ungeeignet	Möglich	Gut	Nicht möglich	Gut	Möglich	Möglich

Vorarbeiten

NACH DEM BEGEISTERNDEN ENTSCHLUSS, die Wohnung zu verschönern, muss zunächst die Streichfläche vorbereitet werden, ein durchaus mühsames Unterfangen.

Geht man die Sache zu gewissenhaft an, kann die ganze Lust vergehen. Geht man aber zu schludrig vor, schadet das dem Erfolg der gesamten Arbeit. Wie bei allen Dingen gilt es den Mittelweg zu finden.

Vor dem Anstrich muss die Fläche sauber und fettfrei sein, vor allem um Türen herum. Risse und Löcher muss man mit Füllmaterial zuspachteln.

Alte Wachs-, Lack- oder Farbschichten müssen von Möbelstücken entfernt werden, damit der neue Anstrich gut haften kann. Man kann diese alten Lack- und Farbschichten mit einem Abbeizmittel relativ gut herunterbekommen, Wachse werden mit einem Wachsentferner abgelöst. Das abgelaugte Möbelstück wird dann mit einem groben Sandpapier abgeschmirgelt, damit die Farbe gut haften kann.

Fehlende Furnierstücke, Löcher und Risse im Holz müssen mit Holzkitt zugespachtelt werden, ebenso auch eine zu tiefe Maserung. Dies gilt vor allem für Techniken, für die eine besonders glatte Oberfläche notwendig ist. Eine gute Vorbereitung ist wichtig, damit die zu dekorierenden Flächen nicht unerwünschte Reaktionen mit der Farbschicht zeigen. Bereiten Sie deshalb den Untergrund so sorgfältig wie möglich vor, ohne dass Sie sich den ganzen Spaß an der Malerei verderben lassen.

LÖCHER FÜLLEN

1 Füllen Sie die Risse mit einem im Handel erhältlichen Füllmaterial (Moltofill) mit einem Spachtel zu.

2 Spachteln Sie den Riss gründlich zu. Drücken Sie die Füllmasse mit dem Spachtel glatt. Trocknen lassen.

3 Schmirgeln Sie die Fläche mit einem feinen Sandpapier ab. Wenn Sie das Sandpapier um einen Holzblock wickeln, fällt das Schmirgeln leichter. Vor dem Anstrich allen Staub entfernen.

FARBE UND LACK ABBEIZEN

1 Abbeizmittel greifen die Haut an. Arbeiten Sie deshalb immer mit Schutzhandschuhen. Tragen Sie das Mittel mit einem alten Pinsel auf und lassen Sie es einwirken, bis die Farbe Blasen wirft.

2 Entfernen Sie die aufgeweichte Farbe oder den alten Lack mit grober Stahlwolle oder einem Spachtel. Lassen Sie das Abbeizmittel nicht eintrocknen, da sonst die Farbe nur schwer abgeht. Wischen Sie überschüssiges Abbeizmittel und Farbe- oder Lackpartikel mit einem feuchten Tuch ab.

Wachs entfernen

1 Tränken Sie feine Stahlwolle mit Wachsentferner und reiben Sie über die betreffende Stelle. Wachsentferner trocknet schnell. Behandeln Sie also nur eine kleine Stelle und lassen Sie die Stahlwolle nie ganz austrocknen.

2 Wischen Sie die Überreste von Wachs, Schmutz und Wachsentferner mit einem weichen Tuch weg, solange die Fläche noch feucht ist.

Löcher zuspachteln

1 Spachteln Sie Löcher im Holz mit Füllmaterial zu. Legen Sie mit dem Spachtel nur eine dünne Schicht an. Folgen Sie den Gebrauchsanweisungen.

2 Streichen Sie die Fläche mit einer Acrylfarbe dünn an. So sehen Sie jede Unebenheit und alle Stellen, die noch zugespachtelt werden müssen. Spachteln Sie auch diese Stellen gut zu und lassen Sie die Fläche trocknen.

3 Schmirgeln Sie die Fläche mit einem Sandpapier mittlerer Stärke glatt, das um einen Holzblock gewickelt ist. Streichen und schmirgeln Sie die Fläche noch einmal.

Zum Schutz der Dekoration

WÄNDE UND HOLZTEILE müssen nicht unbedingt durch Lack geschützt werden, außer in exponierter Lage wie bei Treppen, Fluren und Küchen. An diesen Stellen genügt ein matter oder seidenmatter Lack. Sonst reicht der Farbanstrich völlig aus. Möbelstücke müssen wegen der hohen Abnützung mit Lack oder Wachs geschützt werden.

Farblose Lacke und Wachse können die Anstrichfarbe abdunkeln oder verändern. Man sollte die Reaktion vorher testen.

Lacke lassen sich nicht nur zum Schutz, sondern auch für dekorative Effekte einsetzen, etwa um eine glänzende, matte oder antike Oberfläche zu schaffen. Dunkle Farben mit glänzender Oberfläche sehen wundervoll aus und verleihen dem Holz Tiefe und Ausdruckskraft. Glanzlack auf Steinimitationen oder Seidenmattfirnis auf Maserungen erhöhen den Effekt der Dekoration. Mattlack wirkt gut bei Pastellfarben, wo der Schutz nicht sichtbar sein soll. Mattlack ist jedoch nicht sehr stark. Vielleicht lackieren Sie erst mit Glanzlack vor und schließen dann mit Mattlack ab.

Wachse werden eher wegen ihres weichen Glanzes als wegen ihrer Schutzfunktion verwendet. Die Lösungsmittel im Wachs dringen in das Holz ein und geben ihm Festigkeit. Daher muss die Fläche absorbierend sein. Glänzende Oberflächen wie Glanzlack, Plastik, Metall stoßen die Lösungsmittel ab.

OBEN *Ein seidenmatter Lack liegt zwischen glänzend und matt. Er wurde nach dem Anstrich auf diese Zierleiste aufgetragen. Dieser Acryllack trocknet schnell und volkommen farb- und geruchslos. Ein Öllack hat eine ähnliche Wirkung, braucht aber länger zum Trocknen und gibt der Oberfläche einen gelben Ton, der die Farben betont und vertieft.*

LACK AUFTRAGEN
Tragen Sie gleichmäßig den Lack mit einem Lackierpinsel dünn auf, wobei Sie den Lack mit der Pinselspitze vertreiben. Nicht zu stark verstreichen, sonst bleiben Striche im Lack zurück. Lackieren Sie eine Wand mit einer großen Streichbürste in gleichmäßigen Zügen und achten Sie darauf, bereits trockene Stellen nicht noch einmal zu überstreichen. Das verändert das Aussehen dieser Stelle.

LACK EINFÄRBEN
Färben Sie Lacke ein, um diesen mehr Tiefe zu geben oder den Farbton zu verändern. Tauchen Sie den Lackierpinsel in Pulverpigmente und streichen Sie die Farbe in den noch feuchten Lack oder streuen Sie die Pigmente direkt auf den Lack. Pigmente können sehr intensiv wirken. Testen Sie deren Wirkung am besten vorher.

LINKS *Farbloses Wachs hat einen weichen seidenen Glanz, der zwischen dem stumpfen Effekt des Mattlacks und dem Glanz des Glanzlacks liegt. Wachs schützt nicht so gut wie Lack. Daher verwendet man ihn vor allem wegen des Seidenglanzes und für Dinge, die keiner großen Abnutzung ausgesetzt sind.*

LINKS *Patinawachs gibt der Fläche ein antikes Aussehen. Man kann es auch zu Dekorationszwecken auf Zierleisten auftragen. Das Wachs setzt sich in den Rillen ab und wirkt so wie jahrelang abgelagerter Schmutz.*

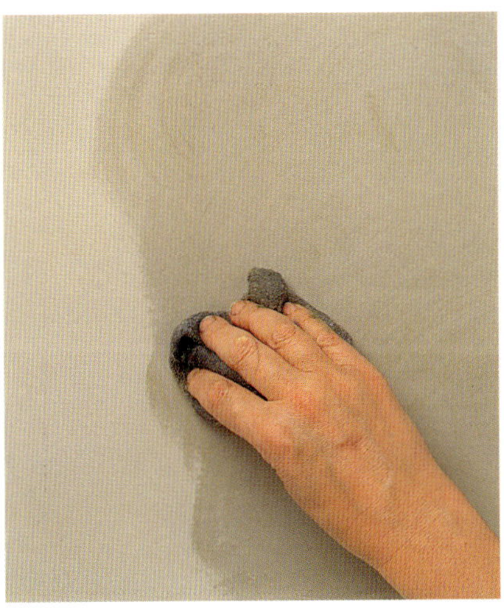

WACHS AUFTRAGEN

1 Reiben Sie das Wachs mit einer feinen Stahlwolle sanft in die Fläche. Die zu wachsende Fläche sollte absorbierend sein, sodass die Lösungsmittel sich absetzen und das Holz festigen können.

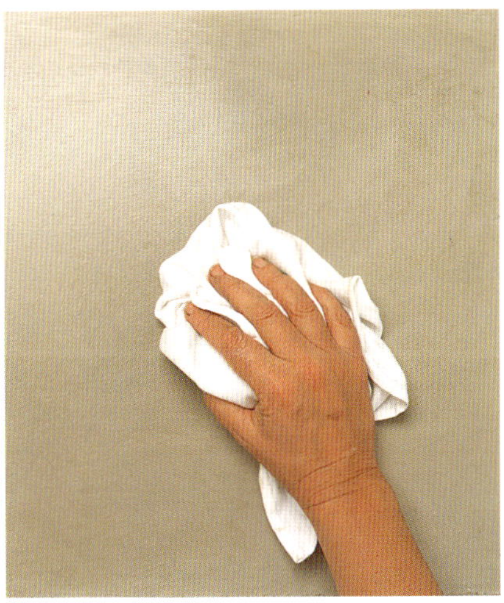

2 Sobald die Fläche trocken ist und das Wachs nicht mehr klebt, kann die Fläche mit einem weichen sauberen Baumwolltuch poliert werden. Dadurch entsteht ein schöner Glanz, der erhalten werden kann, wenn man drei- oder viermal im Jahr mit Bienenwachs nachpoliert.

WACHS EINFÄRBEN

Ein farbloses oder neutrales Wachs kann mit Pigmenten gefärbt werden. Mischen Sie das Pigment auf der Palette aus, bis es die gewünschte Intensität hat. Das farbige Wachs wird wie vorher beschrieben aufgetragen. Man kann vielfarbige Wachse her stellen, von natürlichen Brauntönen bis zu leuchtenden Blautönen.

KAPITEL III

GRUND-ANSTRICHE

Grundanstriche sind sehr vielseitig und können auf Wände, Holzteile oder Möbelstücke aufgetragen werden. Das Prinzip ist immer gleich: eine transparente Öllasur wird auf eine Grundfarbe aufgetragen und mit Pinsel, Lappen, Kamm oder Schwamm so bearbeitet, dass die Grundfarbe wieder sichtbar wird.

Trikottupfen

Mit der Technik des Trikottupfens erhält die Wand einen feinen, zarten, mit vielen kleinen Farbflecken aufgelockerten Anstrich, der weniger robust ausfällt als der Anstrich anderer Techniken. Zuerst wird Öllasur auf eine Grundierung aufgetragen und dann mit Trikotstoff abgetupft. Der feine Gewebeabdruck lässt die Grundfarbe durchscheinen. Der wolkenartige Eindruck entsteht dadurch, dass das Tuch an manchen Stellen mehr Farbe aufnimmt.

Trikotstoff wurde früher von Metzgern zum Einschlagen von Fleisch verwendet. Heute gibt es Trikotstoff zum Polieren und Reinigen in Eisenwarenhandlungen und Geschäften für Autozubehör. Nehmen Sie nicht die Nylonvariante, da sie zu wenig Farbe aufsaugt.

Das Tuch wird zu einem festen Kissen gefaltet, die ausgefransten Ränder in der Mitte festgestopft. Damit der Stoff möglichst wenig ausfranst, darf man ihn nicht mit der Schere schneiden, sondern zieht einen Faden, bis er sich verhakt, und reißt dann den Stoff entzwei. Mit einem großen Kissen schafft man großzügige Muster, mit einem kleinen dichte, strenge. Wenn sich das Kissen nach eine Weile vollgesogen hat, wird keine Farbe mehr aufgenommen, sondern eher Farbe abgegeben. Dann faltet man es auseinander und legt es wieder neu so zusammen, dass mit einem sauberen Stück weitergearbeitet werden kann. Wenn das ganze Tuch durchtränkt ist, arbeitet man mit einem neuen weiter.

Da Trikotstoff viel Farbe aufsaugt, wird die Grundfarbe letztlich dominant sein und ist daher sehr wichtig. Nimmt man als Grundanstrich eine sehr helle oder gar weiße Farbe, wird der Farbeindruck hell sein. Um eine stärkere Farbwirkung zu erzielen, muss der Grundanstrich also dunkler angelegt werden.

Bei mehreren Arbeitsgängen (Lasieren und Trikottupfen) wirkt der Farbeffekt intensiver. Bei zu vielen Schichten wird die Farbe jedoch trüb und die Tiefenwirkung geht verloren.

Trikottupfen ist eine gute Alternative zum Stupfen (s. S. 54-55). Die Farbwirkung ist jedoch lockerer, ungleichmäßiger.

EIGNUNG

Wände, Decken und Möbel, besonders große Stücke

SCHWIERIGKEITSGRAD

*

MATERIAL

Lasur • Farbe

GERÄTE

Haushaltspinsel zum Auftragen der Lasur
Trikotstoff
Stupfbürste (10 x 2 cm)
für Ecken und Simse

TIPPS

- Für eine große Wand braucht man eine Menge Trikotstoff. Man sollte sich deshalb mit einem ausreichenden Vorrat eindecken.
- Denken Sie daran, die ausgefransten Ränder des Tuches in der Mitte festzumachen.

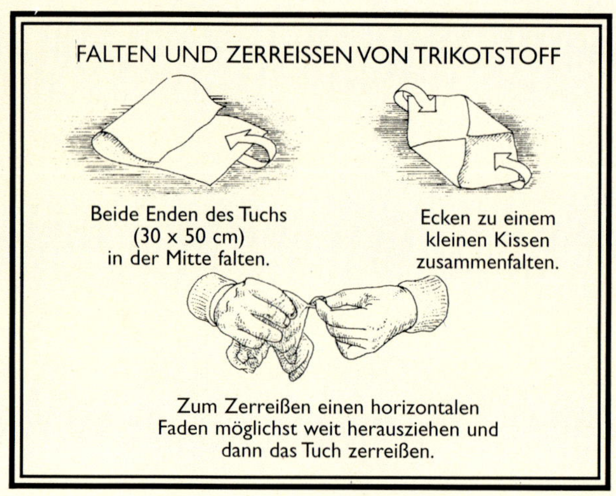

LINKS UND GEGENÜBER *Der Anstrich in diesem Flur ist eine Variante der Trikotstofftechnik. Die Wirbelstruktur entstand durch Drehen des Kissens. Die Farbe steht im scharfen Gegensatz zum marmorierten Sockel.*

1 Öllasur dünn auf die Basis auftragen. Ist die Schicht zu dick, hinterlässt der Stoff kaum Spuren und saugt sich zu schnell voll.

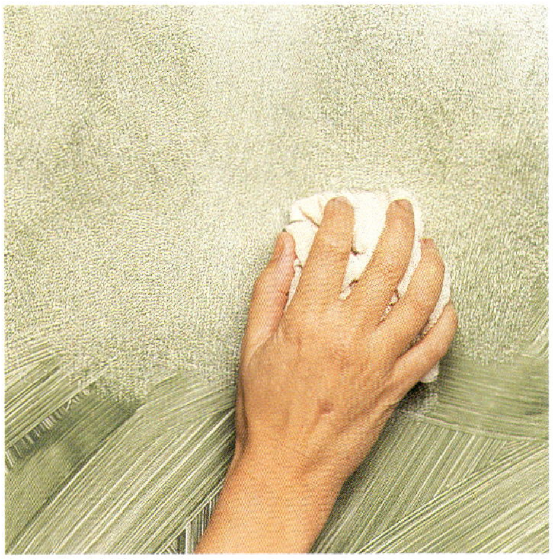

2 Stoff zu einem Kissen falten und die Farbe damit abtupfen. Schnell und kräftig tupfen. Mit etwas Übung wird das Muster ziemlich gleichmäßig.

OBEN
Mittelblau auf Lichtem Ocker

MITTE
Graublau auf hellem Grünblau

UNTEN
Warmes Blau auf Hellrosa

Wischtupfen

Wischtupfen ist eine der beliebtesten Malertechniken, denn es geht schnell und ist leicht ohne spezielle Geräte auszuführen. Die Struktur kann weich und fein, aber auch tief und intensiv werden, je nach Farbkombination, der Menge der abgewischten Lasur und der Art und Handhabung des Lappens. Wenn ein Zimmer von mehreren Leuten auf diese Weise dekoriert wird, entstehen ganz unterschiedliche Effekte.

Die farbige Lasur wird auf einer Grundfarbe in kleinen Flecken von ca. 50 cm^2 aufgetragen und mit einem zusammengeknüllten Lappen der gleichen Größe locker abgetupft, sodass die untere Farbschicht freigelegt wird. Wenn der Lappen mit Farbe vollgesogen ist, muss man ihn neu zusammenlegen.

Nach dem Trocknen der ersten Farbschicht kann ein zweiter oder auch ein dritter Anstrich in anderen Farben erfolgen. Zu viele Farbschichten lassen jedoch die Farbe schmutzig wirken. Am besten verwendet man eine Lasurfarbe, die einige Tonwerte dunkler als der Untergrund ist. Man tupft so lange, bis keine Pinselstriche mehr zu sehen sind; man kann sie aber auch als Muster belassen.

Man benutzt dazu meist einen weichen Lappen aus Baumwolle. Mit unterschiedlichen Lappen lassen sich unterschiedliche Effekte erzielen. Bevor man anfängt, sollte man daher einen Vorrat des gleichen Lappentyps zur Hand haben, damit man ein ganzes Zimmer durchgehend bearbeiten kann. Alte Bettlaken wären ideal. Man kann aber auch Reste von Schlussverkäufen oder aus der Kleidersammlung nehmen. Stoffe mit viel Nylon saugen die Farbe nicht genügend auf. Auch Wollstoffe und andere Stoffe, die fusseln, eignen sich nicht. Probieren Sie ruhig auch Trockentücher und Stoffe mit einem Muster aus. Andere geeignete Materialien sind Plastiktüten, Papiertüten, schweres Leinen und Fensterleder. Plastik und schwere Papiere ergeben deutliche Muster. Feuchtes Fensterleder saugt sehr viel Farbe auf und gibt einen deutlichen Farbeffekt mit starken Kontrasten.

Am besten arbeitet man zu zweit, obwohl die Arbeit auch von einer Person gemeistert werden kann. Der eine streicht die Lasur an die Wand, wobei er in Streifen von der Decke nach unten arbeitet. Der Zweite bearbeitet den Streifen anschließend mit dem Lappen, wobei Lasur um den Tupfen herum stehen bleiben sollte, damit dort die Lasur weiter aufgetragen werden kann. So vermeidet man dunkle Ränder beim Eintrocknen der Lasur.

EIGNUNG

Für alles: Wände, Decken, Fußböden und Möbel

SCHWIERIGKEITSGRAD

**

MATERIAL

Lasur • Farbe

GERÄTE

Haushaltspinsel zum Auftragen der Lasur
Baumwolltuch, in kleine Stücke von 50 cm^2 gerissen.
Für ein durchschnittlich großes Zimmer (3,5 x 4,5 m) braucht man etwa die Menge von zwei Bettlaken.
ODER zusammengeknüllte (oder aufgeblasene) Plastiktüte
ODER feuchtes Fensterleder
Stupfbürste oder Haushaltspinsel (10 x 2 cm) für Ecken und Simse

TIPPS

- Achten Sie darauf, nicht zu viel Farbe in die Ecken und auf die Decke eines Zimmers aufzutragen, sonst entsteht dort ein zu dunkler Farbeffekt.
- Tupfen Sie keine Fläche zweimal ab. Das macht das Ergebnis unregelmäßig.
- Bearbeiten Sie eine Wand oder ein Möbelstück immer ganz zu Ende.
- Tragen Sie die Lasur überall gleichmäßig auf.
- Der Farbeffekt ist handgemacht und sollte daher nicht zu steril wirken.

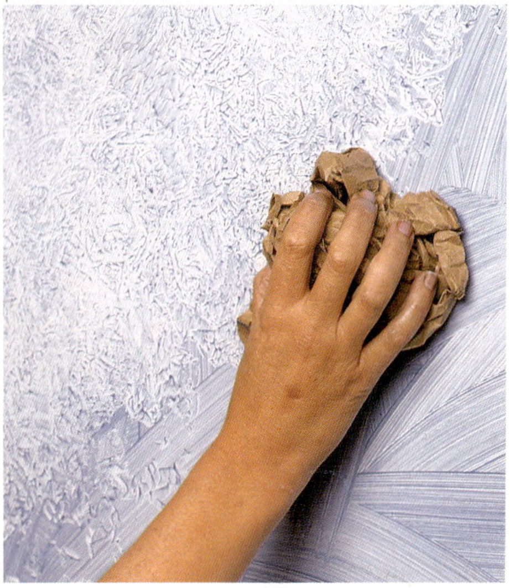

GANZ LINKS *Beim Wischtupfen mit Papier entsteht eine grobe Struktur, weil Papier nicht so saugfähig wie Baumwolle ist.*

LINKS *Da Kunststoff nicht saugfähig ist, gelangt die Lasur beim Arbeiten mit einer Plastiktüte gleich wieder an die Wand. Man braucht also einen großen Vorrat an Tüten.*

GEGENÜBER *Mit der Wischtechnik geht die Arbeit zügig voran. Sie ist nicht schwierig und für viele Haustypen und Interieurs geeignet. Sie lässt sich auch mit weiteren Anstrichen und Techniken (z. B. Schablonenmalerei) kombinieren.*

1 Öllasur dünn auftragen. Nicht zu viel Farbe an Ränder und in Ecken bringen, sondern ganze Flächen gleichmäßig streichen.

2 Die Lasur leicht mit einem lose zusammengeknüllten Lappen abtupfen. Ist die Lasur schon leicht angetrocknet, muss man den Andruck verstärken (möglichst vermeiden).

3 Den mit Lasur getränkten Lappen immer wieder neu zusammenfalten, bis er nicht mehr zu verwenden ist. Zum Trocknen ausbreiten.

4 Ist das ganze Zimmer auf diese Weise bearbeitet, überschüssige Farbe entlang den Rändern oder in den Ecken mit einer kleinen Stupfbürste einebnen.

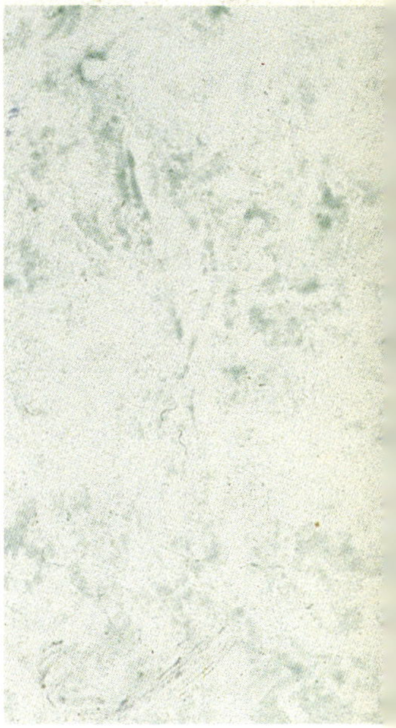

OBEN
Lichter Ocker auf hellem, warmem Braun

MITTE
Hellviolett auf hellem, warmem Braun

UNTEN
Mittelgrün auf hellem, warmem Braun

Frottage

Die Technik der Frottage ergibt einen unregelmäßigen Effekt. Frottage ist das französische Wort für „Reiben“. Man legt dazu eine Stück Zeitungspapier auf die feuchte Farbe und reibt mit der Hand oder einer weichen Bürste darüber. Das Papier saugt die Farbe mehr oder weniger auf und schafft dabei ein unregelmäßiges Muster. Jedes neue Blatt Papier und jede frische Farbschicht ergibt einen anderen Farbeffekt.

Man kann Frottagen mit einer Mischung aus Lasur, Farbe und Wasser oder einfach mit verdünnter Farbe ausführen. Ohne Lasur ist der Kontrast zwischen der deckenden Grundfarbe und der darüber aufgebrachten verdünnten Farbschicht nicht sehr groß. Dann entsteht nur ein sehr feiner Effekt. Ohne Lasur trocknet die Farbe natürlich schneller und man muss zügig von einer kleinen Stelle zur nächsten arbeiten. Verdünnen Sie die Farbe nicht zu stark, da sonst Farbrinnsale stehen bleiben.

Das Zeitungspapier kann flach aufgelegt werden oder in kleinen Stücken zusammengeknüllt aufgedrückt werden und ergibt dann kleinere Muster. Die „Körnung“ des Zeitungspapiers gibt dem dekorativen Effekt eine bestimmte Laufrichtung. Drehen Sie das Papier in verschiedene Richtungen, um einen unregelmäßigeren Effekt zu erzielen. Man kann auch kleinere Stücke oder Streifen abreißen, um bestimmte Formen zu schaffen.

Probieren Sie es doch auch mit zerknülltem Küchenpapier oder einem angefeuchteten Stoffrest. Der Stoff nimmt am meisten Farbe weg und schafft eine große Musterung. Tragen Sie daher zu Anfang eher mehr Farbe auf. Stoff hat natürlich den Vorteil der Wiederverwendung. Wenn der Lappen zu stark mit Farbe getränkt ist, kann man ihn auswaschen, ausdrücken und weiter damit arbeiten.

Verwenden Sie für diese Technik Farben in ähnlichem Tonwert. Ein zu starker Tonwertkontrast macht den Effekt zu hart. Mit mehreren Farbschichten erzielt man mehr Farbtiefe. Lassen Sie aber immer die vorhergehende Farbschicht ganz durchtrocknen.

EIGNUNG
Wände, Böden und Möbel

SCHWIERIGKEITSGRAD
**

MATERIAL
Lasur • Farbe • Wasser
ODER
Farbe • Wasser

GERÄTE
Haushaltspinsel zum Auftragen der Farbmischung
Zeitungspapier

TIPPS
- Knicke im Zeitungspapier können unerwünschte Leerstellen im Frottagemuster verursachen. Überarbeiten Sie solche Fehlstellen mit einer neuen Frottageschicht.
- Vermeiden Sie Überschneidungen von Farbflächen. Das ergibt unschöne dunkle Linien.

1 Tragen Sie die Lasur-Farbmischung oder die mit Wasser verdünnte Farbe auf eine trockene Grundfarbe auf. Die Arbeitsfläche sollte etwas größer als ein Blatt Zeitungspapier sein. Die Technik wird hier auf einer Wand ausgeführt, die bereits zweimal „abgerieben“ wurde.

2 Legen Sie ein Blatt Zeitungspapier auf die feuchte Farbe, wobei Sie ringsherum einen Streifen feuchter Farbe stehen lassen. Glätten Sie das Papier mit der Hand und variieren Sie den Druck. So kreieren Sie verschiedene Effekte.

3 Ziehen Sie das Papier schnell ab. Tragen Sie wieder neue Farbe auf und legen Sie das nächste Blatt so auf die Fläche, dass der noch feuchte Rand des vorigen Arbeitsgangs überlappt wird.

LINKS *Durch Variieren des Drucks ergeben sich verschiedene Effekte. Achten Sie auf die Saugfähigkeit des Papiers und den Feuchtigkeitsgrad der Farbe, um das Ergebnis besser kontrollieren zu können.*

UNTEN *Ein warmes Braun als Grundfarbe wurde mit einer helleren Deckfarbe abgerieben. Das weiche Grau der oberen Schicht enthält viel deckendes Weiß. Daher war es nötig, der Farbe etwas Lasur beizumischen, um die Transparenz zu verstärken.*

OBEN
Helles Braun über Grau

MITTE
Beige über Grau

UNTEN
Hellgelb und Hellbraun über Hellviolett

Stupfen

DURCH STUPFEN ENTSTEHT eine feine, raffinierte Struktur an Möbeln, Wänden und Paneelen. Die Farbwirkung entsteht durch eine gleichmäßige Schicht kleiner Tupfen Lasurfarbe, die die Grundfarbe durchschimmern lässt. Aus einiger Entfernung gesehen verschmelzen diese Punkte. Da beim Stupfen alle Unebenheiten einer Wand auffallen, sollte man mit einer ganz glatten Fläche anfangen.

Nach dem Auftragen der Lasur und der Farbmischung wird die ganze Fläche mit der Stupfbürste bearbeitet. Diese Stupfbewegung hebt die Lasurfarbe ab und verteilt sie wieder in kleinen Punkten auf der Fläche. Das Stupfen muss mit gleichmäßigem, festem Druck erfolgen. Drückt man zu hart auf, machen die Borsten nur Kratzer, drückt man zu wenig auf, ergibt es keinen Effekt. Setzt man die Bürste nur von einer Kante an, ergeben sich unregelmäßige, verkürzte Stupfmuster.

Stupfen Sie im ersten Arbeitsgang die Bürste auf einem Stück Papier ab, um das Punktmuster nicht zu grob werden zu lassen. Hat sich die Bürste mit Lasur vollgesogen, wischt man sie mit einem Lappen ab.

Stupfen soll keine Pinselspuren hinterlassen, sondern ein sauberes, sehr feines Muster. Nimmt man zu viel Lasurfarbe auf, ergibt sich ein zu grober Abdruck. Stupfen Sie in diesem Fall weiter und reinigen Sie die Bürste mit einem Lappen.

Das breite Angebot von Stupfbürsten reicht von sehr dichten, festen Borsten, die gut für Öllasuren, bis zu weicheren lockeren Borsten, die besser für Acrylfarben sind. Richten Sie die Größe der Bürste nach der Größe der Arbeitsfläche aus. Eine 18 x 12 cm Bürste eignet sich gut für Wände, eine 8 x 10 cm Bürste für Möbel, eine 10 x 12 cm Bürste für Ecken und kleine Flächen. Für ganz große Flächen gibt es noch größere Bürsten. Waschen Sie die Bürste nach Gebrauch immer gut in Wasser aus, damit sich keine Lasurfarbe festsetzen kann.

Die Stupftechnik verleiht den meisten kräftigen, herkömmlichen Farben Tiefe und Leuchtkraft. Eine helle, kräftige Grundfarbe schimmert hell durch die Lasur durch. Eine starkfarbige Lasur braucht einen intensiven hellen Grundton, um die passende Intensität zu erzielen. Da beim Stupfen eine ganz feine Struktur entsteht, sind blasse Farben allerdings kaum zu sehen.

Die Technik des Stupfens stammt aus dem 18. Jahrhundert. Sie sieht am besten im Zusammenspiel mit der Zugtechnik (s. S. 64-66) an Paneelen oder an Sockeln aus, wenn die Wände darüber in Zugtechnik gestaltet sind. Paneele können durch Stupfen von dunkler Farbe in den Ecken gealtert werden.

EIGNUNG
Wände und Möbel (große und kleine Stücke)

SCHWIERIGKEITSGRAD
**

MATERIAL
Lasur • Farbe

GERÄTE
Haushaltspinsel zum Auftragen der Lasur
Stupfbürste, Größe je nach Projekt

TIPPS
- Mischen Sie die Lasurfarbe dunkler an. Der Stupfeffekt lässt die Farbe heller erscheinen.
- Bei unebenen Untergründen ist die Trikotstofftechnik eine gute Alternative (s. S. 48-49).

1 Die Arbeitsfläche mit dünner Öllasur überziehen. Mit einer Stupfbürste die Lasur kräftig und gleichmäßig stupfen. Da abgestoßene Stellen und Spritzer nach dem Trocknen der Lasur nur schwer zu beseitigen sind, sollte man bereits fertige Stellen vorsichtig umgehen. Die in der Bürste angesammelte Farbe vorsichtig mit sauberem Lappen abwischen.

GEGENÜBER *In einem Zimmer mit architektonischen Details und Bildern wirkt eine gestupfte Wand gut.*

GANZ RECHTS *Objekte mit Wülsten und Hohlkehlen mit Öllasur überziehen und stupfen, eventuell die erhabenen Teile zum Kontrast abwaschen.*

OBEN *Die Gleichmäßigkeit einer gestupften Fläche wirkt aus der Distanz flächig, weist aber dennoch eine geheimnisvolle Tiefe auf, gegen die eine flache Farbschicht geradezu tot wirkt. Hier sollen lackierte Einfassungen die Paneele betonen. Die helle Basis gibt der Stupfstruktur eine starke Leuchtkraft.*

OBEN
Gelb auf Hellgrün

MITTE
Warmes Braun auf hellem Grün

LINKS
Warmes Blau auf hellem Grün

Lappenrollen

Hierbei handelt es sich um eine entwickeltere Form des Wischtupfens. Diese Technik wird in drei Stufen ausgeführt: mit einem Haushaltspinsel wird auf der Arbeitsfläche Öllasur aufgetragen, mit einer Stupfbürste fest abgestupft und dann mit einem leicht zusammengeknüllten Lappen abgerollt.

Alle drei Arbeitsgänge müssen durchgeführt werden, bevor die Lasur zu trocken wird. Deshalb sollten an großen Flächen mindestens zwei, besser noch drei Personen arbeiten: eine zum Auftragen der Lasur, eine zum Stupfen und eine zum Rollen. Eine Person allein kann höchstens Paneele oder kleinere Flächen bewältigen.

Nach dem Stupfen kann man leicht oder kräftig rollen, je nachdem, welchen Effekt man erzielen möchte und wie viel Stupffläche erhalten bleiben soll. Ein sehr leicht abgerollter Lappen ergibt einen feinen, edlen Effekt. Entgegen der verbreiteten Auffassung wird der Lappen nicht zu einer Wurst zusammengerollt, sondern zusammengeknautscht über die Wand abgerollt. Eine Wurstform erzeugt einen sehr starken Effekt, der aber nicht beibehalten werden kann, wenn der Lappen nach dem Volltränken mit Farbe neu gerollt wird.

Die Farbe des Grundanstrichs ist bei dieser Technik sehr wichtig. Der gerollte Lappen legt sehr viel Farbe von der Grundierung frei, die im Kontrast zur Stupftechnik zu stark wirken kann.

Da das Lappenrollen eine Kombination aus Stupfen und Wischtupfen ist, gilt das auf Seite 50-51 und 54-55 Gesagte auch hier. Eine Fläche wirkt nur homogen, wenn die Lasur gleichmäßig aufgetragen und gestupft wird.

EIGNUNG

Für große Flächen: Wände, Paneele und große Möbelstücke

SCHWIERIGKEITSGRAD

***

MATERIAL

Lasur • Farbe

GERÄTE

Haushaltspinsel zum Auftragen der Lasur
Stupfbürste, Größe je nach Projekt
Baumwolllappen
Für ein durchschnittlich großes Zimmer (3,5 x 4,5 m) braucht man etwa die Menge von zwei Bettlaken.

TIPPS

- Formen Sie den Lappen immer wieder neu, um zu regelmäßige, sterile Muster zu vermeiden.
- Die gestupfte Lasur darf vor dem Lappenrollen nicht zu trocken sein.

1 Fläche mit Lasur überziehen und stupfen. Die Größe der Bürste richtet sich nach der Größe der Fläche.

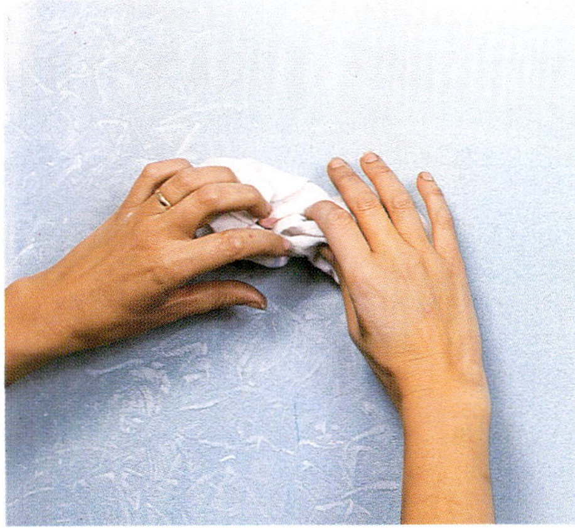

2 Auf der nassen Lasur einen zusammengeknüllten Lappen möglichst gleichmäßig über die Wand abrollen, ohne abzurutschen oder ein Muster zu machen, das nicht mehr wiederholt werden kann.

OBEN *Wie leicht oder fest man abrollt, hängt vom persönlichen Geschmack ab. Diese Wand ist leicht gerollt, um recht viel Stupffläche zu erhalten.*

GEGENÜBER *Der Schrank wurde gestupft und nur die Schubläden gerollt. Man sieht die typische Textur des Lappenrollens, die wie zerknüllter Stoff wirkt.*

LAPPENROLLEN AN EINER WAND

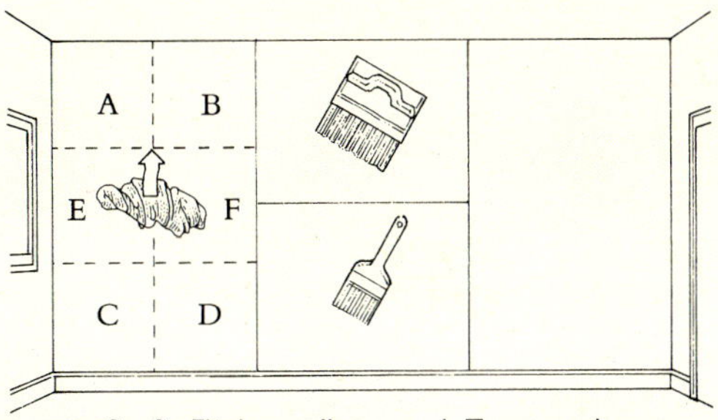

Große Flächen sollte man als Team angehen (3 Personen). Eine Person streicht, die zweite stupft, die dritte rollt ab.

OBEN Lichter Ocker auf hellem Graugrün

MITTE Grünblau über Hellgelb

UNTEN Graues Braun auf erdigem Rosa

Auftragen von Farbe mit dem Schwamm

Mit dieser einfachen Technik kommt man zügig voran. Auch unebene Flächen, wie Raufaser oder strukturierte Tapeten, lassen sich mit ihr bearbeiten. Man taucht einen Naturschwamm in Öllasur und betupft damit leicht die Wand, um einen unregelmäßigen, fleckigen Effekt zu erzielen.

Dazu werden meist Meeresschwämme benutzt, da sie aufgrund ihrer natürlichen Eigenarten jeweils andere interessante, unregelmäßige Muster ergeben. Diese Naturschwämme sind nicht ganz billig und manchmal in richtiger Größe schwer zu finden. Künstliche Schwämme erfüllen fast den gleichen Zweck. Bei dem Entwurf für die Dekoration ist allerdings ihr rechtwinkliger Zuschnitt zu berücksichtigen.

Bevor man die Farbe aufträgt, macht man den Schwamm in sauberem Wasser weich. Dann gibt man etwas Lasurfarbe in eine Farbschale. Man taucht den Schwamm nur so weit in die Schale, dass er sich nicht vollsaugt. Ein zu vollgesaugter Schwamm ergibt zu schwere, dichte Abdrücke. Die ersten Abdrücke können etwas größer und kräftiger als die nachfolgenden ausfallen. Um einen gleichmäßigen Abdruck zu schaffen, sollte man den Schwamm auf einem Papier etwas ausdrücken.

Es ist nicht leicht, Farbe mit dem Schwamm gleichmäßig aufzutragen, ohne dass ein zu zufälliges oder geometrisches Muster entsteht. Man muss sich daher die Arbeit aus der Distanz ansehen. Während des Abdrucks kann man den Schwamm auch leicht drehen, um einen möglichst runden Abdruck zu erhalten.

Man sollte in dieser Technik nur mit dicht beieinanderliegenden Farbtönen arbeiten, um zu grelle Kontraste zu vermeiden. Natürlich gibt es auch hier Ausnahmen: ein schwarzer Grund mit weißen Schwammabdrücken sieht besonders auf kleinen Flächen sehr effektvoll aus.

Über die Basisfarbe können zwei oder mehr Farben aufgetragen werden, um eine größere Tiefenwirkung zu schaffen. Die Farben müssen sehr gut gewählt sein, damit der Anstrich nicht aufreizend, sondern angenehm wirkt. Zu viele kontrastreiche Farben ergeben eine zu grelle Farbwirkung. Die Farben können mit mehreren Schwämmen oder mit verschiedenen Teilen eines Schwamms aufgetragen werden. Der Nachteil dieser Methode ist, dass die Farben ineinander laufen können. Man kann auch erst eine Farbe mit dem Schwamm auftragen, trocknen lassen und dann die zweite auftupfen. So bleiben beide Farbeindrücke erhalten.

Mit dem Schwamm kann man auch zunächst Farbe auftragen und im nächsten Arbeitsgang abnehmen (s. S. 60-61). Mit der Schwammtechnik lassen sich Granit- und Steinoberflächen nachahmen und Marmoriertechniken ausführen (s. S. 99, 132-133 und 79).

EIGNUNG
Für alles: Wände, Decken, Fußböden und Möbel, weniger für kleine oder geschnitzte Teile

SCHWIERIGKEITSGRAD
***

MATERIAL
Lasur • Farbe

GERÄTE
Natur- oder Kunstschwamm
Farbschale

TIPPS
- Kein Schwamm gleicht dem anderen, deshalb erzielt man mit verschiedenen Schwämmen verschiedene Wirkungen.
- Waschen Sie den Schwamm nach Gebrauch immer gut mit Wasser und Seife aus. Trocknen lassen.
- Tragen Sie nie mehr als drei Farben übereinander auf, da sonst ein schmutziger Eindruck entsteht.
- Wenn man Gelb über Blau tupft, scheint das Blau durch das Gelb und schafft einen grünlichen Farbeindruck.

1 Farbe und Lasur in einem großen Eimer mischen und etwas von dieser Mischung in eine Farbschale geben. Schwamm gut in sauberem Wasser ausdrücken und leicht in die Farbschale tauchen.

2 Überschüssige Farbe auf einem Papier ausdrücken und den Schwamm leicht auf die Arbeitsfläche drücken. Versuchen Sie den Druck auf den Schwamm zu variieren.

3 Ein anderer Effekt entsteht, wenn man zwischen den Schwammabdrücken Zwischenräume lässt und auf die nasse Farbe eine zweite aufträgt. Basis und Lasur sollten sich im Ton ähneln.

4 Durch Auftragen zusätzlicher Farben auf bereits trockene Schichten sind unzählige Variationen möglich. Eine dunkle Basis verstärkt die Wirkung.

RECHTS *Eine dunkelrote Lasur wurde auf weißgetönter Basis aufgetupft, was diese Esszimmerwand lebhaft wirken lässt.*

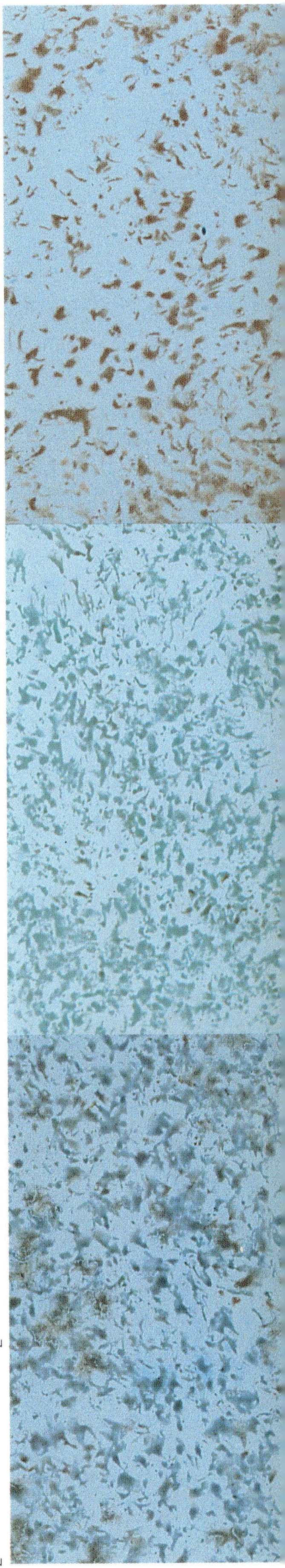

OBEN Terrakotta auf Mittelblau

MITTE Türkis und Terrakotta auf Hellblau

UNTEN Warmes Blau und Terrakotta auf Mittelblau

Abwischen von Farbe mit dem Schwamm

Auch diese Technik ist nicht schwer, wenn auch nicht ganz so einfach wie das Auftragen (s. S. 58-59). Die Farblasur wird mit einem Haushaltspinsel aufgetragen und dann mit einem feuchten Schwamm abgetupft, sodass die untere Farbbasis durchscheint. Dazu werden am besten Naturschwämme genommen. Ein Kunstschwamm mit einem Loch in der Mitte kann jedoch auch sehr wirkungsvoll eingesetzt werden.

Das Ergebnis sieht danach fleckig, blumig oder wolkig aus, je nach Handhabung und Form des Schwamms. Wenn man den Schwamm beim Farbauftrag dreht, erzielt man einen lebhaften und bewegten Eindruck.

Der Schwamm darf weder zu nass noch zu trocken sein, bevor er auf die Fläche aufgesetzt wird. Wenn er zu nass ist, hinterlässt er hässliche Tropfspuren; ist er zu trocken, nimmt er nicht genügend Lasurfarbe auf. Der Schwamm sollte kräftig und nicht zu zaghaft aufgedrückt werden.

Beim Arbeiten den Schwamm immer wieder in Wasser auswaschen, damit er sich nicht zu sehr mit Farbe vollsaugt.

Basisfarbe und Lasur sollten im Tonwert ähnlich sein, damit das Ergebnis nicht zu grell ausfällt. Ein Anstrich aus mehreren Farben ergibt eine größere Tiefe. Diese erzielt man am besten durch eine Kombination von beiden Schwammtechniken. Nachdem die Wand abgetupft wurde, wird wieder Farbe mit dem Schwamm aufgetragen, entweder im gleichen Farbton mit einem anderen Tonwert oder mit dem gleichen Tonwert in einer anderen Farbe. Man lässt am besten jede Schicht vor dem Auftrag einer neuen erst trocknen. Zu nasse Farben fließen ineinander und verderben den Farbton. Fehler können zudem besser von einer trockenen Farbschicht weggewischt werden.

Abwischen mit dem Schwamm wird auch für Marmorier- und Maseriertechniken verwendet (s. S. 81 und 115).

EIGNUNG

Für alles: Wände, Decken, Fußböden und Möbel

SCHWIERIGKEITSGRAD

***

MATERIAL

Lasur • Farbe

GERÄTE

Haushaltspinsel zum Auftragen der Lasur
Natur- oder Kunstschwamm

TIPPS

- Das Abwischen von Farbe ist besonders in den Ecken eines Zimmers oder an den Kanten eines Paneels schwierig. Legen Sie an diesen Stellen die Lasur dünn auf und verwenden Sie ein kleines Schwammstück.
- Legen Sie die Lasur nur an kleinen Stellen auf. Paneele in der Breite einer Armlänge sind ein ideales Arbeitsfeld. Lassen Sie einen Rand ungetupfter Farbe stehen, um die nächste Lasur anzuschließen.

1 Mit einem Haushaltspinsel wird die Lasur gleichmäßig dünn aufgetragen. Damit die Lasur noch nass weiterbearbeitet werden kann, darf man keine zu große Fläche auf einmal streichen.

2 Schwamm im Wasser ausdrücken und die Farbe gleichmäßig von der Oberfläche abtupfen. Den vollgesaugten Schwamm in Wasser und Spülmittel reinigen.

3 Etwas anders wirkt die Technik, wenn man die Wand abtupft, auf die vorher eine andere Farbe aufgetupft worden ist. Man kann so mit Farbton und Schwammabdruck experimentieren, ebenso wie mit verschiedenen Grundanstrichen und Trockenzeiten.

UNTEN *Eine von Hellrot zu Dunkelrot variierende Lasur wurde über eine gelbe Grundfarbe aufgestrichen und mit einem feuchten Schwamm abgewischt. Nach dem Trocknen wurde an einigen Stellen etwas gelbe Lasur aufgetupft (s. S. 58-59), um so Lichttupfer zu setzen.*

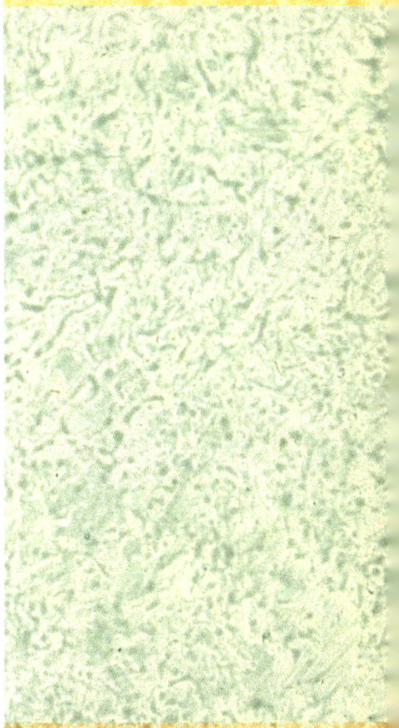

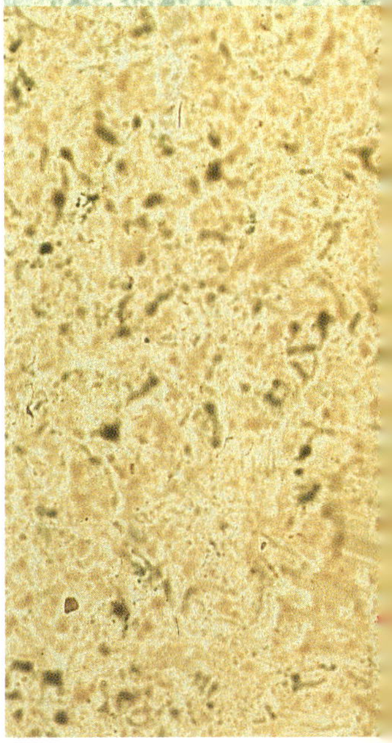

OBEN
Gelb auf Sandfarbe

MITTE
Grünblau auf Sandfarbe

UNTEN
Helles Terrakotta und kühles Braun auf Sandfarbe

Farbwaschen

Farbwaschen ist eine recht lockere Angelegenheit, die mit natürlichen Erdfarben wie auch mit intensiven Buntwerten apart wirkt. Diese Technik eignet sich gut für unebene Wände, da man die Unregelmäßigkeiten nach dem Anstrich nicht mehr sieht.

Die Farblasur wird aufgetragen und leicht in alle Richtungen verwischt. So ergeben sich große und kleine Farbstreifen in verschiedenen Farbtönen, die die Grundfarbe durchschimmern lassen.

Die Lasur kann mit unterschiedlichen Werkzeugen und in vielen verschiedenen Bewegungsstilen verarbeitet werden. Man kann ein Baumwolltuch nehmen, Trikotstoff oder einen Pinsel. Der Trikotstoff ergibt einen sehr weichen Effekt ohne Pinselspuren. Ein Pinsel dagegen erzeugt einen deutlich strukturierteren Anstrich. Die Lasurmischung kann in großen Räumen mit weit ausholenden Bewegungen gewischt werden, in kleineren Zügen in einem kleinen Zimmer. Beim traditionellen Farbwaschen werden verschiedenartige und unterschiedlich lange Wischspuren mit weichem und hartem Druck in alle Richtungen ausgeführt, sodass eine lebhafte Flächenwirkung entsteht. Das Muster kann aber auch aus wellenförmigen oder vertikalen Linien bestehen.

Am besten wischt man die Farbe, wenn die Lasur zu trocknen beginnt. Wenn die Farbmischung zu nass ist, wird die Lasur zu leicht weggewischt und zurück bleiben nur Streifen. Sobald die Lasur zu trocknen beginnt, lässt sich der Druck besser variieren, wodurch ein weicheres und abwechslungsreicheres Ergebnis erzielt wird. Der farbgewaschenen Oberfläche kann man mit mehreren Farbschichten mehr Tiefe geben. Jede Schicht sollte vor dem Auftragen der nächsten gut trocknen.

EIGNUNG

Für Wände, Decken, Fußböden und große Möbelflächen (z. B. Tischplatten)

SCHWIERIGKEITSGRAD

***

MATERIAL

Lasur • Farbe

GERÄTE

Haushaltspinsel zum Auftragen der Lasur
Großer Haushaltspinsel, Baumwolltuch oder Trikotstoff

TIPPS

- Lassen Sie die Lasur erst etwas antrocknen, bevor Sie mit dem Wischen beginnen. Das erleichtert den wechselnden Druck auf die Fläche und erzeugt einen abwechslungsreicheren Eindruck.

LINKS *Drei verschiedenfarbige Lasuren wurden locker auf den Kamin aufgetragen und dann wieder abgewischt. Dunkelrot, Blau und eine Mischung von beiden wurden in Flecken über einem hellen Blaugrau farbgewaschen, um die einfache Feuerstelle hervorzuheben.*

1 Lasur ganz dünn mit dem Pinsel verstreichen.

2 Mit einem großen, trockenen Pinsel die Lasur in weiten Schwüngen verwischen.

3 Das Abwischen kann auch mit einem Baumwoll-Lappen erfolgen. Dann wirkt der Anstrich zarter. Man kann je nach gewünschtem Effekt mehr oder weniger Lasur abwischen und, wenn sie trocken ist, eine zweite Farbe auftragen.

RECHTS *Als lockerer, kaum strukturierter Anstrich eignet sich das Farbwaschen gut für Landhäuser mit unebenen Wänden. Es eignet sich auch gut als Hintergrund für weitere Gestaltung, etwa Schablonenmalerei oder Drucken.*

OBEN
Lichter Ocker auf Weiß

MITTE
Hellbraun auf Weiß

UNTEN
Terrakotta auf Grasgrün

Zugtechnik

Die Zugtechnik entwickelte sich im 18. Jahrhundert aus den Maserungstechniken. Mit einem Haushaltspinsel wird Öllasur in senkrechten Pinselstrichen aufgetragen. Dann wird ein Zug- oder Schlagpinsel in senkrechten Linien von oben nach unten gezogen, wodurch ein abwechslungsreiches Streifenmuster entsteht. Dieses Muster lässt sich auch gut in waagerechten oder diagonalen Linien anlegen.

Die Lasur wird in dünnen Streifen auf der Arbeitsfläche angelegt. Die Spitze des Zugpinsels wird in einem engen Winkel zur Fläche angesetzt und mehrmals auf- und abbewegt. Mit dieser Bewegung erzielt man deutliche Streifen, die jedoch nie ganz senkrecht verlaufen. Das wäre auf einer großen Fläche nur sehr schwer durchzuführen. Die Lasur wird vom Pinsel bis in die Ecken oder Kanten der Arbeitsflächen verteilt. Überschüssige Lasurfarbe wird mit einem Tuch aus dem Pinsel gewischt.

Statt eines Zugpinsels kann man auch einen Schlagpinsel mit längeren Borsten einsetzen. Beide Pinsel haben nicht nur lange, sondern auch grobe und locker gesetzte Borsten. Dadurch wird die Lasur in Streifen gebrochen. Auch ein in Lasur getauchtes Baumwolltuch kann für diese Technik verwendet werden. Die Streifen wirken dann weich wie Aquarellfarben. Diese Technik lässt sich aber nur auf Möbelstücken anwenden, weil man den Lappen in einem Zug durchziehen muss. Hält man in der Bewegung inne, gibt es sofort eine unschöne Markierung.

Zieht man zwei oder mehr Farben übereinander, erzielt man eine intensivere Farbtiefe und einen abwechlsungsreicheren Eindruck. Jede Farbschicht sollte trocken sein, bevor eine weitere aufgetragen wird. Nachfolgende Farbschichten werden am besten knapp bemessen, um die unteren Farben nicht ganz abzudecken. Grundfarbe und Lasuren sollten in verwandten Farbtönen gehalten sein, damit der Kontrast nicht zu grell wirkt. Klassisch sieht ein blasses Salbeigrün auf Dunkelgrün oder ein Graubraun auf sandfarbener Basis aus. Aktueller ist Smaragdgrün auf roter Basis oder Malve auf Chromgelb. Ein Schachbrettmuster entsteht, wenn man eine Farbe zunächst vertikal abwärts und dann, sobald die Lasur trocken ist, horizontal eine zweite Farbe zieht. Zieht man den Pinsel abwärts, wobei man ihn von Zeit zu Zeit etwas seitlich dreht, entsteht eine Wildseidestruktur.

Die klassisch wirkende Zugtechnik wird meist zusammen mit Stupfen (s. S. 54-55) angewandt. Im 18. Jahrhundert wurden so Türen, Paneele, Sockel und alle Holzteile dekoriert. Bei Türen gibt es eine spezielle Technik (s. S. 158). Bei Möbeln und anderen Holzteilen sollte der Zug immer der Maserung folgen.

EIGNUNG
Für Wände, Holzteile, Möbel, besonders große Stücke

SCHWIERIGKEITSGRAD
***

MATERIAL
Lasur • Farbe

GERÄTE
Haushaltspinsel zum Auftragen der Lasur
Zug- oder Schlagpinsel

TIPPS
- Tragen Sie niemals Lasur in Ecken auf. Das ergibt dunkle Flecken. Ziehen Sie stattdessen die Lasur mit dem Zugpinsel in diese Stellen.

1 Mit einem Haushaltspinsel Lasur in einer Auf- und Abbewegung, nicht wahllos wie in anderen Techniken, auftragen.

2 Den Zugpinsel mit leichtem Druck in parallelen Strichen abwärts ziehen. Die Linien macht der untere Teil der Borsten.

3 Man kann auch mit in Öllasur getauchten Lappen ziehen. Das ist besonders für kleine Flächen geeignet.

OBEN *Diese Tür wurde traditionell vertikal und horizontal gezogen.*

RECHTS *Eine blaue Lasur wurde über eine lilafarbene Basis gezogen. Nach dem Trocknen wurde eine grüne Lasur dünn über das Blau gezogen, ohne die Farbe ganz zu verdecken.*

4 An Simsen drückt man mit der freien Hand auf die Pinselspitze, sodass der Pinsel die Markierung am oberen Wandbereich von selbst macht.

OBEN
Warmes Blau auf Sandfarbe

MITTE
Rosabraun auf Sandfarbe

UNTEN
Grün auf Sandfarbe

RECHTS *Die Zugtechnik lässt sich gut auf kleinen Möbelteilen anwenden, wie bei den Einfassungen und Leisten dieses Einbauschrankes.*

UNTEN OBERES BILD *Hier wurde schmutziges Gelb horizontal gezogen, danach ein blasses Blau vertikal; der Streifen rechts mit Karminrot.*

UNTEN UNTERES BILD *Ein schmutziges Gelb wurde vertikal gezogen, Karminrot horizontal und anschließend Blassblau vertikal.*

UNTEN RECHTS *Grün wurde senkrecht und Rot waagerecht gezogen.*

Schlagen

DIESER FARBEFFEKT ähnelt einer fleckigen Version der Zugtechnik (s. S. 64-66). Die Streifen der Schlagtechnik sind in viele kleine Linien aufgebrochen. Die Technik, ursprünglich von der Eichenmaserung abgeleitet, kann in braunen Farbtönen für Maserungen und Holzeffekte eingesetzt werden.

Eine sehr dünne Lasurschicht wird in Streifen über die Grundfarbe aufgetragen. Mit dem Schlagpinsel streicht man über die Wandfläche, um die Lasur gleichmäßig zu verteilen. Dann wird der gezogene Anstrich kurz und heftig mit der Spitze des Schlagpinsels von oben nach unten in kleinen Abständen geschlagen. Die Schläge brechen die Zuglinien auf und schaffen eine Art Maserung.

Die Lasur muss unbedingt die richtige Konsistenz haben. Ist sie zu dick und zu nass, wirkt der Anstrich roh und borstig. Ist sie zu dünn und trocken, brechen die Linien nicht genügend auf.

Die Farbtöne von Grundfarbe und Lasur sollten wie beim Ziehen nahe beieinander liegen.

Man kann diese Technik überall anwenden. Bei großen Wänden ist das jedoch sehr zeitintensiv. Am besten ist Schlagen für Möbelstücke, Paneele und Architrave geeignet. Schlagen wird oft in Verbindung mit Ziehen verwendet.

1 Lasur dünn auftragen und mit einem Schlagpinsel ziehen (s. S. 64).

2 Von unten nach oben mit dem Schlagpinsel die Wandfläche schlagen.

EIGNUNG
Türen, Architrave, Wände, Sockelleisten, große Möbelstücke, Rahmen

SCHWIERIGKEITSGRAD
***

MATERIAL
Lasur • Farbe

GERÄTE
Haushaltspinsel zum Auftragen der Lasur
Schlagpinsel (Größe nach Projekt)

TIPPS
- Beim Schlagen hinterlässt die Pinselspitze eine Linie auf der Wandfläche. Diese wird jedoch beim nach oben wandernden Schlagen verdeckt.

RECHTS *Hier sind die Füllung in Schlagtechnik, der Rahmen in Zugtechnik in Grün auf Weiß gestaltet. Das Ergebnis ist ein ausgefallenes, modernes Design.*

OBEN Helles Grünblau auf Gelb

MITTE Ockerbraun auf Grau

UNTEN Warmes Braun auf Grau

Kammzug

Die Kammzugtechnik erzeugt unterschiedlich breite Linien und Streifen und kann für vielfältige dekorative Muster verwendet werden. Ein Kamm mit kurzen Zinken wird über die feuchte Öllasur gezogen und hebt diese stellenweise ab.

Das Kämmen hat sich in zwei Traditionssträngen entwickelt. Einmal gebrauchte man den Kammzug für Holzmaserungen, zum zweiten wurde diese Technik in der europäischen Volkskunst, vor allem in Skandinavien und Deutschland, wie auch von deutschstämmigen Siedlern in den USA verwendet. Von allen dekorativen Maltechniken bietet der Kammzug die größte und kreativste Vielfalt.

Die handelsüblichen Kämme bestehen aus weichem Plastikmaterial. Es gibt sie in Dreiecksform, wobei jede Seite unterschiedlich breite Zinken hat. Der andere Kammtyp hat zwei Seiten mit Zinken in größer werdenden Abständen, von sehr fein bis zu ca. 1,25 cm Breite. Mit einem scharfen Schneidemesser lassen sich aus Plastikfliesen oder dickem Karton Kämme nach eigenen Wünschen und Vorstellungen anfertigen. Ein Kamm sollte, um bequem in der Hand zu liegen, nicht größer als zwei Handbreit sein.

Mit der Kammzugtechnik lassen sich schöne Muster ganz einfach kreieren. Bewegt man den Kamm beim Herunterfahren hin und her, entstehen Wellenbänder. Ein Schachbrettmuster ergibt sich aus horizontalen und anschließend vertikalen Zügen. Bei kleinen Flächen kann man das schnell hintereinander machen, bei größeren empfiehlt sich nach dem Trocknen eine zweite Lasur, die man dann in die entsprechende Richtung kämmt. Man kann diese Technik auch zu ganz einfachen Mustern für ein Fries, eine Sockelzone oder als Türrahmung verwenden.

Mit stark kontrastierenden Farben der Grundierung und Lasur erzielt man einen leuchtenden, lebhaften Eindruck. Mit verwandten Farbtönen erhält man eine weichere, subtile Farbwirkung. Mit einer zweiten oder dritten Lasurschicht lassen sich Schottenmuster nachahmen. Die letzte Farbschicht und der abschließende Kammzug entscheidet, wie das Muster aussieht.

Beim Arbeiten an einer Wand muss man den Kamm immer wieder neu ansetzen und hinterlässt so Spuren auf der Oberfläche. Bei sehr naheliegenden Farbtönen von Lasur und Grundfarbe ist dies kaum sichtbar. Wenn diese Markierung nicht einbezogen werden kann und unerwünscht ist, muss man sie mit einem kleinen Pinsel übermalen. Auf unebenen Wänden greift der Kamm nicht immer. Wie viel einem das ausmacht, hängt vom Häuserstil und dem eigenen Geschmack ab.

EIGNUNG

Wände, Fußböden, Paneele, Möbel und Rahmen

SCHWIERIGKEITSGRAD

***

MATERIAL

Lasur • Farbe

GERÄTE

Haushaltspinsel zum Auftragen der Lasur
Kämme

TIPPS

- Wenn die Lasur zu dick ist, erzeugt der Kammzug reliefartige Vertiefungen.
- Halten Sie den Kamm beim Ziehen fest in der Hand, damit er nicht verrutscht.

OBEN *Mit dreieckigen und im Zinkenabstand abgestuften Kämmen lassen sich zahlreiche Muster schaffen. Hier wurde die Lasur zunächst mit Trikotstoff bearbeitet und dann in die rote Farbe auf der weißen Grundierung gekämmt.*

1 Streichen Sie eine dünne, gleichmäßige Lasur auf. Mit beiden Händen einen abgestuften Kamm mit gleichmäßigem Druck abwärts ziehen.

2 Bei einem Karomuster zunächst vertikal und dann horizontal von unten nach oben oder umgekehrt arbeiten.

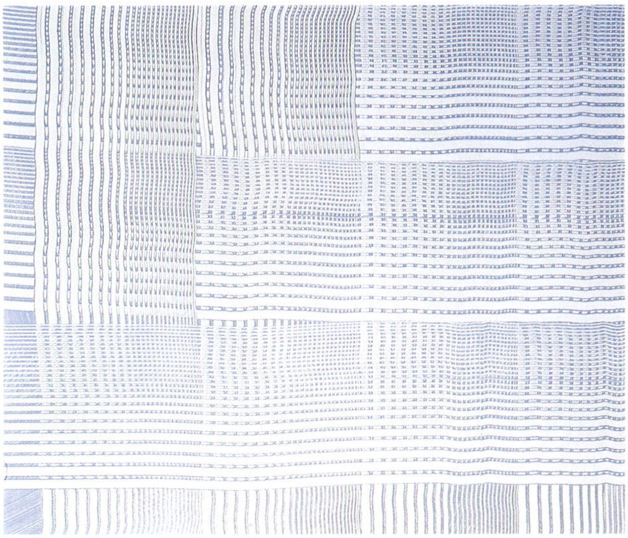

3 Dreht man den Kamm nach jeder Reihe um, ist das Muster abwechslungsreicher.

RECHTS
Eine wellenförmige Begrenzungs- oder Einfassungslinie ergibt einen räumlichen Effekt.

RECHTS
Die Wände des ganzen Zimmers wurden horizontal mit einem abgestuften Kamm durch eine braunrote Lasur gekämmt. Ein Farbstreifen markiert die Sockelhöhe. Die Türfüllungen wurden mit einem Maserstempel gestaltet (s. S. 104).

Sprenkeln

Beim Sprenkeln wird mit einem Stab, meist einem anderen Pinsel, auf den Stiel eines in Farbe getunkten Pinsels geklopft, damit die Farbe planlos, aber nicht willkürlich auf eine Fläche aufspritzt. Eine Öllasur ist dabei nicht vorteilhaft, weil die Farbe zu dick ist und nicht leicht genug verspritzt.

Für diese Technik reicht wenig Farbe aus, da sie mit viel Wasser verdünnt werden muss. Die Wassermenge richtet sich nach der Farbe: Acrylfarben brauchen mehr Wasser als Farben auf Vinyl- oder Dispersionsbasis. Die Farbe sollte eine leicht verlaufende Konsistenz haben.

Testen Sie den vollen Pinsel zunächst auf einem Stück Papier. Wenn die Farbe zu dick ist, ergibt sich kein feiner Farbregen, sondern nur vereinzelte dreidimensionale Farbbeulen. Ist der Pinsel zu voll, gibt es wiederum zu große unkontrollierbare Farblachen.

Verwenden Sie für diese Technik einen Fitscher mit kurzen, aber elastischen Borsten. Oft ist ein alter Pinsel, der einige Borsten verloren hat, ideal zum Sprenkeln. Um einen feinen Farbregen zu erhalten, nimmt man einen kleinen kurzhaarigen Pinsel und fährt mit dem Daumen über die Pinselspitze.

Je weiter entfernt von der Fläche man den Pinsel hält, auf den man schlägt, desto größer werden die Sprenkel. Will man gleich große Sprenkel bekommen, muss man deshalb den Abstand gleich halten. Kleine runde Gegenstände oder solche mit spitzen Winkeln sind nur schwer zu sprenkeln. Enge aneinander liegende Sprenkel sowie Sprenkel mit Erdfarben imitieren Stein oder Marmor. Größere Sprenkelmuster erinnern an das *Action Painting* von Jackson Pollock.

Prüfen Sie vorher die Farbgebung. Die Farben sollten den gleichen Tonwert oder die gleiche Helligkeit haben, vielleicht mit einem helleren Ton, um die Farbgebung zu heben.

Der Sprenkeleffekt wird oft über einer Fläche angewandt, die mit der Trikotstofftechnik, dem Lappenrollen oder dem Farbwaschen behandelt worden ist (s. S. 48-51 und 62-63). Die deutlich sichtbaren Punkte geben dem matten Hintergrund Tiefe und Textur. Danebengegangene Spritzer lassen sich leicht abwischen, wenn der Grundanstrich gut durchgetrocknet ist.

EIGNUNG
Wände, Fußböden, Möbelstücke

SCHWIERIGKEITSGRAD
****

MATERIAL
Acrylfarbe, Wasser

GERÄTE
Fitscher oder kleiner kurzborstiger Pinsel
Stock oder Stiel eines anderen Pinsels

TIPPS
- Flächen, die nicht besprenkelt werden sollen, muss man mit Papier abdecken.
- Überprüfen Sie zwischendurch immer wieder die Farbkonsistenz.
- Lassen Sie sich Zeit und sprenkeln Sie nicht zu rasch hintereinander.

1 Zum Sprenkeln eines Bodens einen halbvollen Fitscher mit der Hand ausschlagen.

2 Eine zweite Farbe genauso aufsprenkeln. Obwohl dies wie zufällig aussieht, kann man bei richtiger Farbkonsistenz den Pinsel präzise einsetzen.

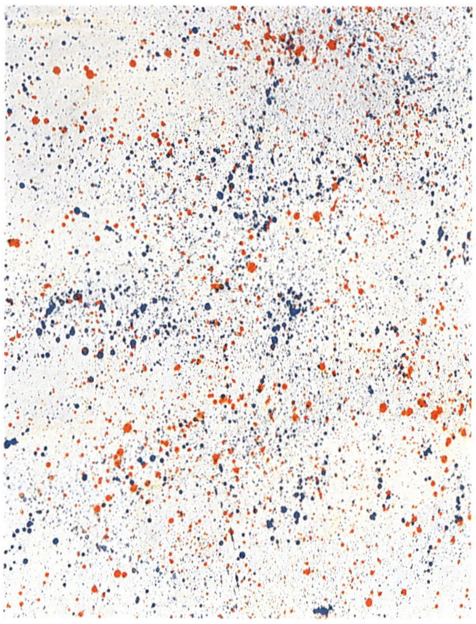

3 Wechseln Sie den Abstand, um eine Mischung verschieden großer Sprenkel zu schaffen.

4 Markieren Sie eine kleine Fläche mit Abdeckband und halten Sie den Pinsel ganz nahe an die zu besprenkelnde Fläche. Schlagen Sie den vollen Pinsel gegen einen Stock.

5 Ganz feine Sprenkel ergeben sich, wenn die Borsten mit dem Finger zurückgebogen werden.

6 Besprenkeln Sie die Fläche dicht mit drei Farben. Da die Farbe keine Öllasur enthält, trocknet sie sehr langsam. Daher sollten die einzelnen Farben nacheinander aufgespritzt werden. Nach dem Trocknen das Abdeckband abziehen.

LINKS *Ein helles Rot wurde als Grundfarbe aufgestrichen und dann mit Dunkelgrün, Hellgrün und Dunkelrot nacheinander besprenkelt.*

UNTEN *Um eine große Fläche rasch und dicht zu besprenkeln, kann eine Sprenkelmaschine verwendet werden. Das mit Farbe gefüllte Gerät wird gegen die Hüfte gehalten. Indem man die Kurbel dreht, versprüht man die Farbe.*

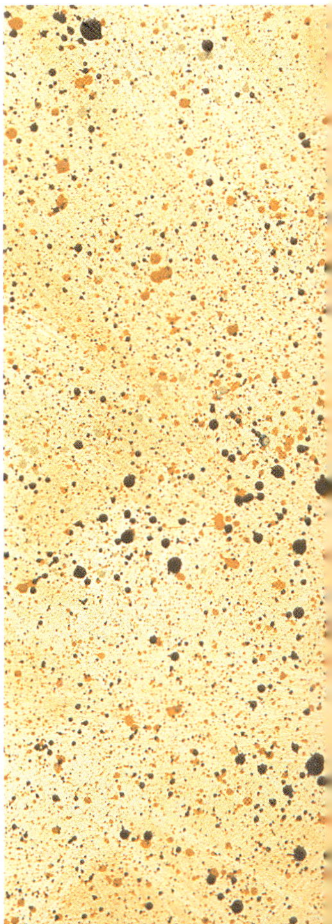

OBEN Blauschwarz und Roter Ocker auf farbgewaschenem Gelb auf Weiß

UNTEN Blauschwarz und roter Ocker auf farbgewaschenem Grau über Weiß

KAPITEL IV

Bravour-anstriche

Mit Bravouranstrichen will man das Auge des Betrachters täuschen, damit dieser die Imitationen von Hölzern, Steinen und Mineralien für echt hält. Manche dieser Anstriche sind reine Phantasieprodukte, andere perfekt gelungene Täuschungen (Trompe l'oeil).

Marmorieren

Es gibt viele Marmorarten, die sich in Farbe und Struktur erheblich unterscheiden. Marmor wird bevorzugt im Baugewerbe verwendet und kommt auf der ganzen Welt vor: in Nord- und Südamerika, Europa, Afrika und in Asien. Deshalb bieten sich Imitationen an und können sehr überzeugend wirken.

Farblich variiert Marmor zwischen ganz Weiß, wie der Carrara-Marmor, bis zu Schwarz mit weißen Streifen. Er kann auch farbig gefleckt oder geädert sein. Es gibt Marmorarten in allen Regenbogenfarben, darunter so außergewöhnliche wie Purpurviolett und leuchtendes Grün. Die beliebtesten Farben für echten Marmor und seine Imitation sind warme Grautöne, Graublau, Sienagelb und helle Rosatöne. Für gewöhnlich wählt man für ein Zimmer eine ziemlich realistische Marmorart aus. Einige Marmorimitationen, wie folkloristisch gemalter Marmor, sind bewusst farbig übertrieben.

Suchen Sie für Ihre Marmorimitation die entsprechende Marmorsorte aus oder notieren Sie sich die Farben eines Marmors, der Ihnen gut gefällt. Man sollte sich über den Marmor, den man nachahmen will, genau informieren und seine Charakteristika studieren. Versuchen Sie aber nicht den Marmor genau zu kopieren, was äußerst schwierig wäre, sondern entwickeln Sie eine Vorstellung, wie Sie Marmor in stilisierter From präsentieren möchten.

Marmorstruktur lässt sich auf sehr unterschiedliche Weise gestalten. Es gibt wahrscheinlich genauso viele Methoden des Marmorierens wie Marmorarten. Man kann Öl- oder Acryltechniken ausprobieren. Früher wurden wegen ihrer langen Trockenzeit gerne ölhaltige Produkte genommen. Heute gibt es auch langsam trocknende Acryllasuren. Beide Methoden haben Vor- und Nachteile. Ölhaltige Lasuren trocknen langsamer als die Dispersionsalternative. Man kann dann die Lasur noch bis zu 30 Minuten lang bearbeiten. Wasserhaltige Acryllasuren trocknen in fünf oder zehn Minuten und müssen daher sehr schnell und sicher bearbeitet werden. Ölhaltige Farben riechen stark nach Terpentin, während Dispersionsfarben fast geruchslos sind. Sie haben also die Wahl.

Das Marmorieren erfolgt in drei Schritten:

1. Anlegen und Vermalen einer Lasur auf dem nicht saugenden Grundanstrich.
2. Bearbeitung der Lasur, solange sie noch feucht ist.
3. Äderung der Imitation, sobald die Lasur trocken ist.

Man kann das Marmorieren nach jeder Stufe beenden, sodass entweder der Grund, der bearbeitete Grund oder die geäderte Marmorimitation als Endanstrich verbleiben. Am schwierigsten ist das Ädern. Anfänger benutzen gern zu schwere und zu starke Farben, sodass sich an den falschen Stellen zu viele Hauptadern überschneiden. Nach dem Bearbeiten der Lasur lässt man diese zunächst vollständig trocknen. So kann eine misslungene Äderung leichter wieder abgewischt werden, ohne dadurch die Vorarbeiten zu zerstören.

Die Struktur des Marmors muss sehr genau durchdacht sein. Den Verlauf der Adern studiert man auf jeden Fall am Original. Lebhaftigkeit, Ausdruck und Verlauf der Adern müssen bedacht und in die Imitation einkomponiert werden. Adern und Zwischenräume dürfen weder in gleichen Abständen verlaufen noch die gleiche Stärke haben. Am wichtigsten sind aber Farbe und Ton. Ein zu harter Kontrast wirkt zu räumlich und gibt nicht den Eindruck einer Fläche wieder. Ein zarter Marmor ist einem grellen vorzuziehen.

Erst der Firnis gibt dem Marmor den letzten Schliff (s. S. 44-45). Auf einem Gessogrund sieht Marmorimitation noch echter aus, da der Gipsgrund die für Marmor typische Kühle hat, die Holz fehlt. Dies ist jedoch eine besondere Raffinesse. Für den Anfänger ist es wichtiger, sich genau die Wahl der Farbtöne zu überlegen.

Marmorimitationen können überall im Zimmer angebracht werden: auf Wänden, Fußböden, Simsen, Fuß- und Zierleisten und Architraven. Für Fußböden wählt man am besten unterschiedliche Muster (s. S. 170-171), während man große Wände in Platten unterteilt. Die Trennungslinien zeichnet man mit Bleistift nach. Marmorieren Sie nicht in langen Streifen. Das sieht unrealistisch aus. Auch marmorierte Tischplatten und kleine Objekte sind wunderschön, insbesondere wenn sie mit Bienenwachs überzogen sind.

Übertreiben Sie aber das Marmorieren nicht. Fußleisten und Kamin lassen sich gut aufeinander abstimmen, desgleichen Fußleisten, Sockel und Architrave.

EIGNUNG

Für Fußböden, Wände, Architrave, Einfassungen, Badezimmereinrichtungen, bestimmte Möbelstücke wie Tischplatten, Pfeiler, kleine Objekte wie Kästen und Kerzenständer

MATERIAL

55% Öllasur
45% Terpentin oder Testbenzin
Ölfarbe, Terpentin
ODER
Dispersions-, Acrylfarbe
Glanzmittel für Öl- oder Acrylfarben, je nach verwendeter Lasurfarbe

GERÄTE

Haushaltspinsel oder Fitscher zum Auftragen der Lasur
Trikotstoff
Schlichtpinsel
Eventuell auch: Lappen, Zeitungspapier, Frischhaltefolie, Naturschwamm, kleiner Borstenpinsel. Zum Ädern braucht man entweder eine Vogelfeder, einen langhaarigen Marderhaarpinsel oder einen Schlepper.
Firnispinsel

TIPPS

- Stufen Sie die Lasur in verschiedenen Farbtönen ab.

OBEN *Badewannen und Badezimmer eignen sich besonders gut zum Marmorieren, da in Bädern großer Villen häufig Marmor verwendet wird. Diese Badewanne wurde in verschiedenen Tönen von Umbra natur und Weiß marmoriert. Die Farben finden sich nach Grau und Weiß abgewandelt an den Türfüllungen der Kommode und über dem Spiegel wieder.*

LINKS *Dieser einfache Kamin wurde marmoriert und geädert, indem zuerst graue und dann schwarze Adern über eine hellgraue Lasur auf einer weißen Grundierung gelegt wurden.*

Siena-Marmor

Diese Marmoriertechnik beruht auf unterschiedlichen Farbtönen von Siena natur für die Lasur. Die Technik lässt sich natürlich auch in anderen Farben umsetzen. Man kann alle Stufen dieser Technik durchführen oder auch die letzten weglassen, je nach Zeit und Energie, die man für diesen Anstrich aufwenden möchte.

Der Basisanstrich

Wählen Sie zunächst die Marmorfarbe im Tonwert aus, hell, mittel oder dunkel, und tragen Sie dann die entsprechende, nicht saugende Farbe als Basisanstrich auf. Den hellsten Ton erhält man mit einer weißen bzw. weißgetönten Lasur, den dunkelsten mit einem Lichten Ocker. Holzanstriche müssen gut deckend gemalt werden. Den Basisanstrich gut trocknen lassen.

Der Lasurgrund

Für die Öltechnik braucht man eine Lasurmischung aus 55% Lasur und 45% Testbenzin. Mischen Sie die ausgewählte Farbe, in diesem Fall Lichten Ocker, in die Lasur und mischen Sie daraus zwei oder drei Tonwerte der Farbe aus. Je mehr Farbe man zufügt, desto dunkler wird der Ton. Einen Teil der Farbe lässt man als dunkelsten Ton ungemischt. Mit einiger Übung lassen sich auch mehr Töne ausmischen. Für den Anfang genügen jedoch drei Tonwerte. Die Hälfte der Farbe wird während der Arbeit abgewischt. Zunächst wirkt die Farbe also viel dunkler und intensiver als am Schluss.

Für den Anstrich auf großen Flächen sollte man genügend Farbe ausmischen, da beim Nachmischen der Ton nicht immer genau getroffen wird.

Für den Anfang sollte man sich mit einer Fläche, die nicht viel größer als dieses aufgeschlagene Buch ist, begnügen. Auf einer zu großen Fläche könnte die Lasur eintrocknen. Später werden Sie auch größere Flächen bewältigen.

Mit einem Haushaltspinsel oder einem Fitscher trägt man zuerst den hellsten Ton auf, wozu man relativ wenig Farbe braucht. Setzen Sie die Striche etwa diagonal, aber nicht genau parallel an.

Tragen Sie dann den mittleren Ton in diagonalen Strichen auf und füllen Sie damit die Lücken des vorherigen Anstrichs. Nun folgt an einigen Stellen der dunkelste Ton, die Farbe ohne Lasurmischung, in diagonalen Strichlagen. Stellen Sie sich ein großes Stück Marmor vor, aus dem Ihr Wandstück herausgeschnitten wurde. Mit den dunklen Stellen fängt man an den Rändern an und geht dann auf die Mitte zu. Versuchen Sie eine weiche Fläche mit sanften Übergängen zwischen Hell und Dunkel zu erzielen.

Trikottupfen

Nach dem Auftragen der Lasur werden die Pinselstriche, solange die Ölfarbe noch feucht ist, mit Trikotstoff verwischt. In dieser Phase muss man schnell und sicher arbeiten. Der Zeitraum des Trocknens variiert je nach öl- oder wasserhaltigen Farben und der Zimmertemperatur. Die Fläche muss vor dem Trocknen der Lasur getupft und gewischt sein.

Das Trikottupfen erfordert bei allen Bravouranstrichen etwas Übung. Man faltet das Tuch zu einem Kissen zusammen (s. S. 48-49) und betupft die Arbeitsfläche kräftig. Bei zu starkem Druck wird zu viel, bei zu schwachem zu wenig Farbe abgetragen. Man darf auch nicht zu oft dieselbe Stelle betupfen, da dann keine Farbe übrig bleibt. Sobald die Lasur zu trocknen beginnt, muss man etwas kräftiger aufdrücken. So lassen sich auch am besten zu dunkle Stellen aufhellen.

Schlichten

Der Anstrich muss anschließend mit einem Schlichtpinsel aus Dachshaar geschlichtet (weich vermalt) werden. Das Endresultat sollte sehr glatt, fein und leicht glänzend sein. Man kann die Arbeit bereits jetzt als abgeschlossen ansehen oder mit folgenden Techniken fortsetzen.

1 Einen hellen Ton der Grundfarbe mit etwas Lasur mischen und unter Auslassung einzelner Stellen diagonal mit einem Fitscher auftragen. Nur an kleinen Stellen arbeiten, damit die Lasur nicht zu schnell trocknet.

2 In einem mittleren Ton derselben Farbe die freien Stellen wiederum mit diagonalen Strichen ausfüllen.

3 Etwas von einem dunkleren Ton ohne Lasur diagonal auftragen. Die Stellen nicht zu sehr betonen.

4 In dieser Phase sind Grundfarbe und Muster bereits fertig. Die Hervorhebungen sollten nicht parallel, sondern diagonal liegen. Der Lasurgrund darf nicht zu kompliziert sein.

5 Die Pinselstriche mit Trikotstoff abtupfen. Mit dem Tuch hellt man auch zu dunkle Stellen auf.

6 Mit dem Schlichtpinsel die Oberfläche vermalen. Die Pinselbewegung muss aus dem ganzen Arm, nicht aus dem Handgelenk kommen.

RECHTS
Drei Grautöne auf Weiß

Bearbeitung der Lasur

Nach dem Auftragen der Lasur kann man die Farbe auf verschiedene Weise auflockern, um den Marmor lebhafter zu gestalten. Man kann z. B. die Fläche mit einem Verdünnungsmittel, wie Wasser, Testbenzin oder Terpentin, besprenkeln, mit einem feuchten Schwamm oder Lappen abtupfen, mit dem Lappen schlagen oder mit einer Frischhaltefolie bearbeiten. Arbeiten Sie dabei immer in die gleiche Richtung der bereits fertigen Marmorimitation.

Bei wasserlöslichen Farben ist es möglich, dass die Lasur zu schnell eintrocknet. In diesem Fall bringt man mit einem Schwamm neue Lasurmischung auf, wobei man der Farbe nur wenig Lasurmittel zugibt, oder spritzt Farbe auf die Fläche (s. S. 70-71). Man kann auch eine zweite Lasurschicht auftragen und bearbeiten, die der Arbeit größere Tiefe gibt.

Nach jeder Bearbeitung wird die Fläche geschlichtet, um den Effekt mit dem Lasurgrund zu verbinden.

VERDÜNNUNGSMITTEL VERSPRÜHEN

Tunken Sie einen kurzhaarigen Borstenpinsel entweder in Testbenzin (bei Ölfarbe) oder in Wasser (bei Acrylfarbe) und streifen Sie überschüssige Farbe auf Papier ab. Dann die Borsten mit einem Finger zurückbiegen und das Verdünnungsmittel auf die Lasur sprenkeln. Nach einigen Sekunden tauchen helle Punkte auf der Farbschicht auf. Je mehr Verdünnungsmittel man versprengt hat und je näher man dabei der Oberfläche ist, desto größer werden die Punkte. Fügen Sie dem Verdünnungsmittel keine Lasur zu, da diese wie Klebstoff wirkt und dick und klumpig macht. Den Effekt anschließend schlichten.

EINSATZ VON FRISCHHALTEFOLIE

Diese Technik kann sehr kräftig ausfallen. Testen Sie daher vorher, wie klebrig die Lasur noch ist. Wenn sie noch sehr nass ist, zieht die Folie sehr viel Farbe ab. Ist sie zu trocken, bewirkt die Folie überhaupt nichts. Wenn die Lasur gerade noch klebt, legt man die Folie auf die Fläche, behaucht sie und zieht sie dann vorsichtig ab. Die Konturen mit dem Schlichtpinsel verwischen. Wo die Strukturen zu stark sind, stupft man zuerst (s. S. 54-55) und schlichtet dann erneut.

GEDREHTE FOLIE

Die Folie zu einer Rolle drehen und diagonal in Richtung zur Marmorstruktur platzieren, sie abheben und dann schlichten. Vermeiden Sie sich überkreuzende oder streng parallele Linien.

MIT DEM SCHWAMM BEARBEITEN

Einen in Wasser getauchten Naturschwamm gut ausdrücken und diagonal auf die Fläche aufdrücken, um Farbe abzuheben. Danach einen anderen Schwamm in eine Lasurmischung (Ölfarbe, Lasur und Testbenzin) tauchen und ebenfalls diagonal auftragen. Dieser dichte Effekt eignet sich auch gut für kleine Gegenstände und Einfassungen. Die harten Konturen des Schwammmusters werden nach dem Trocknen der Lasur leicht geschlichtet.

WISCHTUPFEN

Knüllen Sie einen Lappen zusammen und tupfen Sie über die noch feuchte Lasur. Versuchen Sie parallele Linien zu schaffen. Man kann dazu auch Zeitungspapier verwenden. Das Schlichten erfolgt nach Abschluss der Arbeit.

SCHLAGEN DES GRUNDES

Mit einem länglich zusammengerollten Lappen schlägt man diagonal in Fließrichtung des Marmors. Man kann diesen Effekt auch mit anderen Techniken kombinieren. Leicht schlichten!

Ädern

Mit verschiedenen Pinseln und Federn lassen sich Adern unterschiedlicher Struktur erzeugen. Man kann Adern auf den trockenen Lasurgrund malen oder aus dem noch feuchten Grund mit einem Verdünnungsmittel herausarbeiten. Je nasser die Lasur, desto kräftiger der Effekt! Zieht man auf trockenem Grund Adern, lassen sich Fehler schnell wegwischen. Man kann dazu eine lange Gänsefeder, einen Schlepper oder einen Rotmarderpinsel verwenden. Nehmen Sie dazu Farben, die nicht zu sehr vom Lasurgrund abweichen, es sei denn, Sie wollen einen speziellen Marmor imitieren (s. S. 88-89).

Ädern Sie in diagonaler Richtung und folgen Sie dabei den dunkleren oder helleren Stellen. Bei einigen Marmorarten überkreuzen sich die Adern. Das sollte man aber nur als wirklicher Experte wagen, da es sich um ein typisches Merkmal bestimmter Marmorsorten handelt. Anfangs sollte man nur eine generelle Marmorstruktur anstreben, nicht die Darstellung individueller Eigenschaften.

FEDER UND FARBE *Eine in verdünnte Farbe getauchte Vogelfeder über die trockene Fläche ziehen, um Adern und Flecken zu schaffen. Anschließend schlichten.*

FEDER UND VERDÜNNUNGSMITTEL *Solange der Lasurgrund noch feucht ist, taucht man eine Feder in Wasser oder Testbenzin (s. S. 78), schlägt sie aus und zieht dann die Adern, wobei man sie zwischen den Fingern auch drehen kann. Anschließend schlichten.*

MISSLUNGENE ÄDERUNG *Obwohl hier stark übertrieben, kommen diese Fehler häufig vor: parallele, wacklige, gebrochene Linien und Spinnennetze.*

GELUNGENE ÄDERUNG *Obwohl die Adern sich zuweilen gabeln und komplizierte Knoten bilden, schneiden sich nie zwei Adern desselben Tones.*

LANGHAARIGER ROTMARDERPINSEL UND FARBE *Mit einem langhaarigen Rotmarderpinsel lassen sich sehr feine Linien auf einer trockenen Lasur ziehen. Halten Sie den Pinsel nicht wie einen Bleistift, sondern ganz locker und ziehen Sie die Farbe nur mit der Spitze. Stärke und Charakter der Linien sollten variiert werden. Anschließend schlichten.*

PINSEL UND VERDÜNNUNGSMITTEL
Einen Schlepper (oben) in Verdünnunsgmittel tauchen und mit der Breitseite diagonal über den nassen Lasuranstrich ziehen, wobei man ihn dreht. Nur die Spitze einsetzen.

Man kann den nassen Lasurgrund (rechts) auch mit einem in Verdünnungsmittel getauchten Rotmarderpinsel ädern.

SCHLEPPER UND FARBE
Mit einem in verdünnte Farbe getauchten Schlepper Adern ziehen. Mit der breiten Seite des Pinsels erzielt man großzügige Adern, die mit feinen Linien kombiniert werden können. Schlichten.

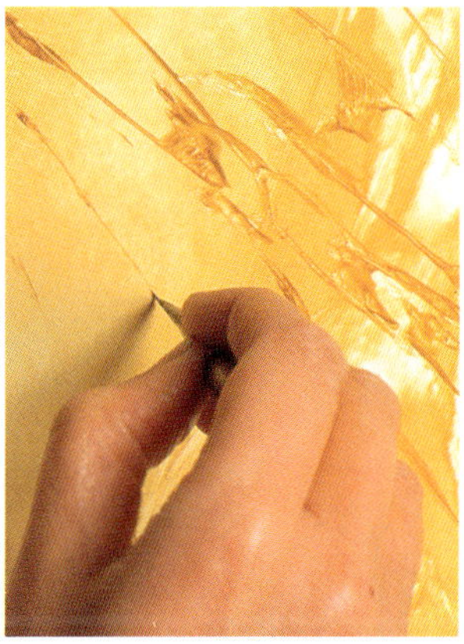

DÜNNE ADERN *Mit der Spitze des Schleppers ganz dünne Äderchen ziehen. Unterschiedlicher Druck variiert die Strichstärke.*

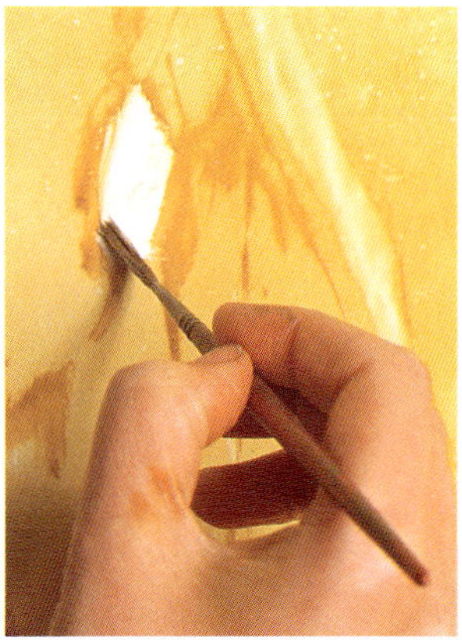

ADERNGEFLECHT *Kleine ausgesparte Flächen kann man mit einem Rotmarderpinsel und Verdünnungsmittel herauswischen.*

RECHTS
Siena natur auf Weiß

Paneele marmorieren

Echter Marmor wird immer in Paneelen oder Platten verlegt. An der Wand sind diese meist rechteckig, auf dem Fußboden quadratisch. Ihre Größe variiert mit der Größe des Zimmers. Marmorpaneele werden nicht in Stufen wie Ziegelsteine aufgebaut. Jede Platte wird ohne Mörtel direkt über die untere auf Stoß gesetzt.

Will man Marmorpaneele imitieren, muss man sich immer am echten Marmor orientieren. Mit einem weichen Bleistift (3B) zeichnet man die Konturen der Platten vor. Man kann sie eventuell noch verstärken, sobald die Farbe trocken ist.

Jede Platte marmoriert man einzeln. Im ganzen Zimmer sollte man immer wieder unterschiedliche Platten malen. Bemalen Sie keine neue Platte, solange die vorhergehende noch feucht und klebrig ist, da sie sonst verschmieren kann. Nach Fertigstellung eines Paneels wischt man die auf die angrenzende Platte gelangte Lasur mit einem Lappen ab.

Erst wenn alle Paneele gestrichen und trocken sind, zieht man die Adern, damit ein einheitlicher Eindruck entsteht. Die Adern verlaufen alle in eine Richtung.

1 Zwei Lasuren in zwei verschiedenen Tönen einer Farbe anmischen.

2 Paneele mit dem Bleistift vorzeichnen. Das erste Paneel mit dem hellsten Ton diagonal bemalen. Die Lücken mit dem dunkleren Ton füllen.

3 Das Paneel schlichten und bearbeiten (s. S. 77-79). Man kann zu diesem Zeitpunkt bereits ädern (s. S. 80-81). Man kann aber auch warten, bis alle Paneele bemalt sind. Farbige Lasur auf einigen Paneelen gibt Tiefe und Vielfalt.

4 Pinselstriche der zweiten Lasur mit einem Trikotstoff auswischen. Mit dem Schlichter Spuren des Trikotstoffes entfernen.

5 Wiederholen Sie Schritt 2-4 für andere Paneele. Wischen Sie die Ränder der Paneele entlang der Bleistiftmarkierung mit Lappen oder Trikotstoff sauber. Nach dem Trocknen der Paneele können die angrenzenden Platten marmoriert werden und die Ränder sauber gewischt werden, ohne dass der Farbeffekt des angrenzenden Paneels zerstört wird (oben).

MARMORPANEELE

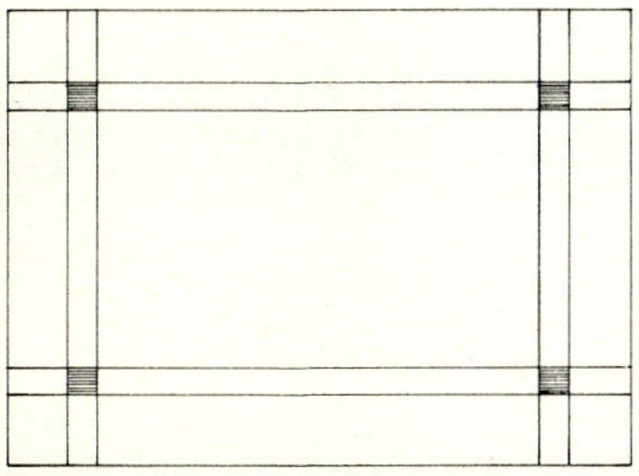

So kann man eine Sockelfläche auflockern. Jeden Teil einzeln bemalen und trocknen lassen.

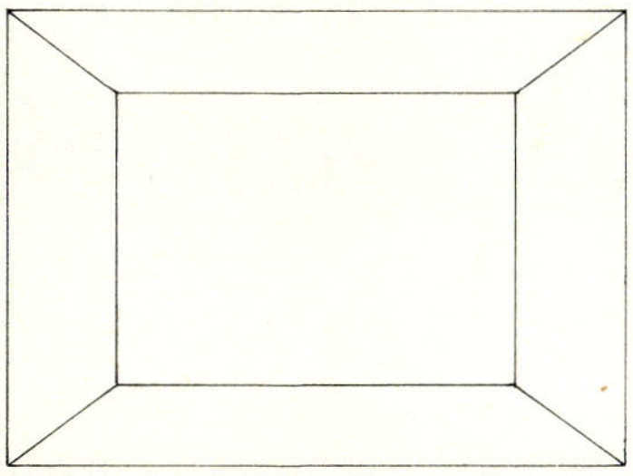

Marmor ist an den Ecken meist nicht mitraförmig. Sockelrahmen sehen so jedoch elegant aus.

6 Die Bleistiftmarkierungen bleiben sichtbar und deuten die Kanten der Marmorverkleidung an. Man kann sie nach dem Trocknen nachziehen. Die Adern sollten sich nicht von einer Platte zur nächsten fortsetzen.

OBEN
Sienalasur und Umbranatur-Adern auf Weiß Lasur mit Umbra natur und Weiß

UNTEN
Sienalasur und Umbranatur-Adern auf Weiß

Fließmarmor

Der Name dieser Technik stammt vom Fließen der Farbe und Lösemittel auf der Oberfläche. Sie bietet einen guten Einstieg in das Marmorieren und kann verwendet werden, um echten Marmor nachzuahmen oder um einfache dekorative Effekte zu schaffen.

In dieser Technik gestaltet man vorzugsweise flache, horizontale Oberflächen wie Fußböden oder Tische. Wie bei anderen Marmorarten werden Farb- und Lasurmischungen in zwei oder drei Farben auf die Grundierung aufgetragen, mit Trikotstoff abgetupft und dann geschlichtet. Dann taucht man einen runden Dachshaarpinsel in Wasser, drückt überschüssiges Wasser auf einem Stück Papier aus und tupft damit auf die Lasurfläche. Im nächsten Arbeitsgang wird ein mit Spiritus gefüllter Pinsel auf die Fläche gedrückt, deren Lasur an dieser Stelle sich in viele Flecken auflöst. Danach folgt ein ähnlicher Prozess mit Acrylfarben. Um ganz feine Flecken zu erzielen, kann man auch verdünnte Farbe auf die Fläche sprenkeln. Der feine Sprühregen schafft Übergänge und verbindet die Flecken harmonisch.

Die Grundfarbe und die Lasurfarben sollten sich im Ton ähneln. Ein zu harter Kontrast zwischen Grund und Fleckenmuster wirkt zu grell. Durch die Flecken wird viel von der Grundfarbe freigelegt, die man deshalb zuvor mit Bedacht wählen sollte. Kräftige Farbeffekte erreicht man durch dunkle oder leuchtend bunte Grundanstriche. Interessant wirkt auch eine weiße Lasur über einem schwarzen Grund.

Man kann Fließmarmor in einzelnen Flecken gestalten und später mit einem Bleistift in Quadrate aufrastern (s. S. 172).

EIGNUNG

Für horizontale Oberflächen wie Fußböden und Tischplatten

MATERIAL

Lasur
Farbe
Wasser
Spiritus
Glanzmittel

GERÄTE

Haushaltspinsel oder Fitscher zum Auftragen von Lasur
Trikotstoff
Schlichtpinsel
Runder Dachshaarpinsel oder Vermalpinsel oder kleiner Pinsel zum Sprenkeln
Lackpinsel

TIPPS

- Gehen Sie mit der Zugabe von Farbe in der Lasurmischung sparsam um! Zu viel Farbe in der ersten Lasurschicht verhindert das Anlösen der Grundfarbe.
- Bei Blau und Gelb ergibt das Anlösen eine grüne Farbe.
- Die zum Sprenkeln verwendete Farbe sollte so dünn sein, dass sie am Rand des Farbglases herunterläuft.

1 Mit einem Fitscher zwei oder drei Lasurfarben auf die Fläche auftragen. Die Farben sollten im Ton dem Grundanstrich ähneln. Einen großen Fußboden teilt man in kleinere Arbeitsflächen ein.

2 Die Pinselstriche mit Trikotstoff überall verwischen.

3 Den Anstrich grob schlichten, um überschüssige Farbe und Stoffabdrücke zu beseitigen.

4 Einen runden Dachshaarpinsel in Wasser tauchen und an einem Lappen abwischen. Mit dem Pinsel über die ganze Fläche tupfen. Den gleichen Arbeitsgang mit Spiritus wiederholen.

5 Falls kein runder Dachshaarpinsel zur Hand ist, geht auch ein Dachshaarschlichter.

6 Mit einem kleinen Pinsel verdünnte Farbe mit dem Finger aufsprenkeln.

7 Je nach Menge des aufgetupften Wassers und Spiritus variiert das Muster. Die für die Flecken verwendete Farbe trocknet nicht so schnell wie der Spiritus und die Lasurflecken. Dadurch entstehen Flecken, Linien und Rinnsale. Den Anstrich lackieren (s. S. 44-45).

OBEN
Blau und Lichter Ocker auf Weiß

MITTE
Grün und Terrakotta auf Weiß

UNTEN
Grün und Schwarz auf Hellblau

Breccie-Marmor

Breccie- oder Bruchmarmor besteht aus kleinen kieselsteingroßen Teilen, die unter großem Druck und hohen Temperaturen zu festem Stein zusammengeschmolzen sind. Afrikanischer Bruchmarmor und Vert Antique (s. S. 89) sind zwei recht bekannte Bruchmarmorsorten. Man kann diese Marmorart aber auch nach eigenen Vorstellungen und selbst ausgesuchten Farben imitieren.

Charakteristisch sind Muster aus zerbrochenen und wieder zusammengefügten Marmorbrocken. Diese imitiert man, indem man aus dem Grundanstrich mit einem Lappen Formen herauswischt. Vor und während der Arbeit muss man sich den allgemeinen Fluss und die Gestalt des Marmors genau vorstellen.

Wie man den Marmor gestaltet, hängt von der Größe der zu bemalenden Fläche ab. Große Wandflächen und Paneele versieht man mit größeren Mustern als kleine Objekte. Die Kontraste im Marmor erhält man durch Massierung und Auflockerung von Strukturelementen.

Da die Lasur ganz dünn aufgetragen wird, trocknet diese Marmorimitation sehr schnell. Man sollte sie wie alle nachgeahmten Marmorarten abschließend lackieren.

EIGNUNG

Säulen, Paneele und kleine Gegenstände

MATERIAL

10% Öllasur
10% Testbenzin
80% Ölfarbe
Glanzlack (ölhaltig)

GERÄTE

Haushaltspinsel oder Fitscher zum Auftragen der Lasur
Lappen
Borstenschlichter
Rigger (langer Rotmarderpinsel)
Lackpinsel (Flacher oder Einstrichpinsel)

TIPPS

- Gestalten Sie die Bruchstücke nicht zu einförmig. Um realistisch zu wirken, sollten sie von großen, Raum einnehmenden zu kleinen, dichten Stücken abgewandelt werden.
- Die Bruchstücke sollten unregelmäßig geformt und völlig unterschiedlich aussehen.

LINKS *Echter Brecchie-Marmor wird wegen seiner Stabilität und seiner schönen Muster meist im Bau verwendet. Man sollte also die Imitation dieser Marmorart vor allem in eleganten Fluren einsetzen. Man kann rasch große Flächen mit dieser Technik bewältigen.*

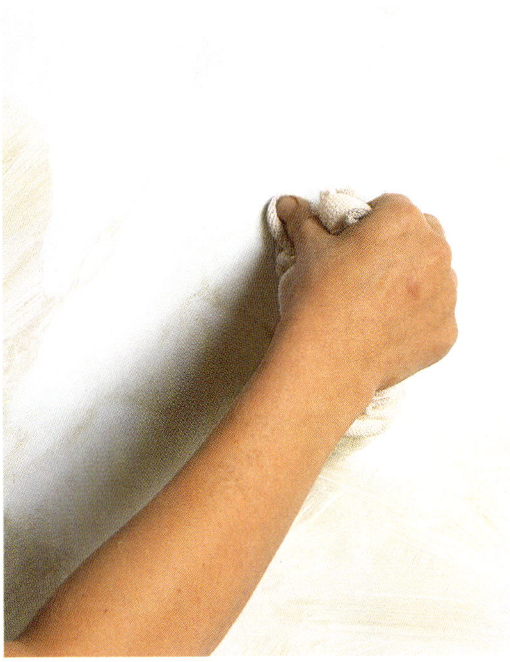

1 Tragen Sie die Lasurfarbe sehr dünn und trocken auf und verteilen Sie die Lasur möglichst weitläufig über die Arbeitsfläche.

2 Bruchkanten mit einem weichen Lappen abwischen; immer etwas Zwischenraum lassen. Größe der Bruchstücke mit dünnen, gedrückten und freien, großen Formen variieren.

3 Mit einem Schweinsborstenpinsel die ganze Arbeit schlichten.

4 Nach dem Trocknen mit einem langhaarigen Rotmarderpinsel ädern (s. S. 80-81). Achten Sie auf die Bruchstückformen. Umranden Sie diese mit eckigen Adern und durchziehen Sie einige mit feineren Adern. Betonen Sie einige Formen und sparen Sie andere fast aus.

5 Den fertigen Effekt schlichten, damit die Adern nicht zu deutlich hervorstechen. Um den Effekt täuschend echt abzuschließen, alles lackieren (s. S. 44-45).

OBEN
Umbra natur auf Weiß

UNTEN
Lasuren in Siena natur mit Blaugrün und Blau mit Umbra natur auf hellem Braungrau

Ausgefallene Marmorarten

Marmor gibt es in bemerkenswert großer Vielfalt in fast allen Farben und vielen Mustern, von Streifen in Kupfergrün bis zu Flecken in dunklem Purpurviolett. Einige Marmorarten haben dunkle Grundfarben und stark kontrastrierende Adern; andere sind hell mit wolkigen Formen und wenig Aderung. Man kann Marmor täuschend echt nachahmen oder nur als dekoratives Muster nutzen, bei dem die Musterung des jeweiligen Marmors nur als Anregung für die eigene Fantasie dient.

Schwarzgoldener Marmor
Schwarzer Grund. Große Adern in Lichtem Ocker und Indischrot und kleine feine Adern in Weiß und Lichtem Ocker. Transfergold kann für besonders glanzvolle Effekte verwendet werden.

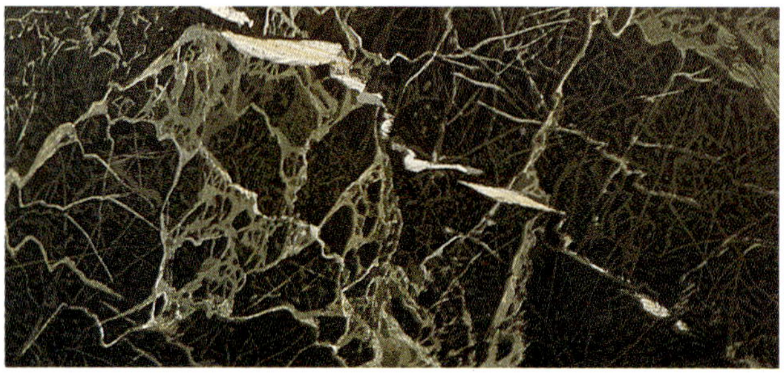

Ägyptischgrün
Hier werden die gleichen Farben wie für Vert antique verwendet..

Grauer Marmor
Weißer Grund mit verschiedenen Grautönen.

Italienischer rosa Marmor
Weiße Basis. Helle, warme Terrakotta-Lasur und graue Lasur als Grund. Adern mit den gleichen Farben in dunklerem Ton. Schlichten und trocknen lassen. Mit gebrochenem Weiß Adern nachziehen.

Hopton Wood
Dieser fossile, englische Marmor ist hell-cremegrau. Der Marmoreffekt wird mit dem Schwamm erzielt. Die Basis ist kühl blass-cremefarben (eierschalfarben). Der helle steingraue Lasurgrund wird aus Umbra natur und Weiß gemischt und auf die Basis gestrichen. Dann den Schwamm in Terpentin tauchen, ausdrücken und über den Lasurgrund tupfen. Mit einem Dachshaarpinsel leicht schlichten. Die Steinformen mit einem Flachpinsel malen. Adern teilweise schlichten.

Roter Derbyshire
Hellrote Basis. Mischen Sie Lasuren aus Dunkelrot (Venezianischrot), hellem roten Eisenoxid (oder Zinnober) und intensivem Gelb (Kadmiumgelb) in Abstufungen. Auf der Basis in hellen und dunklen Flecken auftragen. Trikottupfen und mit einem Dachshaarpinsel schlichten. Weiterbearbeiten nach der gewünschten Technik (s. S. 78-79). Der Farbe für die Adern etwas Schwarz zusetzen und schlichten. Trocknen lassen. Flecken und Adern in gebrochenem Weiß und Grau zusetzen.

SIENA-MARMOR
Weiß-beige Basis. Lasurgrund in Lichtem Ocker mit etwas kühlem Braun (Umbra natur) und Weiß in drei Tönen. Nach dem Trocknen mit Lichtem Ocker, Braun und Weiß adern.

SAINT REMI
Graue Basis mit ungefärbter Lasur überziehen. Mischung aus Siena gebrannt und Indischrot mit dem Schwamm in Flecken auftragen. Einen breiten flachen Pinsel in Verdünnungsmittel (Terpentinersatz oder Wasser) und Siena natur, die Pinselecken jeweils in Schwarz und Weiß tauchen. So entstehen Bandmuster. Mit Hellgrau ädern.

VERT ANTIQUE
Basis in Schwarz oder Dunkelgrün. Marmorieren mit zwei oder drei leuchtenden Grünblau-Tönen. Adern in gebrochenem Weiß.

WEISSER MARMOR
Weiße Basis, eventuell mit ganz wenig Blau gefärbt. Lasur in verschiedenen Grau-, Grüngrau- und Gelbgrautönen. In dunklem Grau ädern.

Malachit

Die intensive grüne Farbe dieses Minerals rührt vom Kupfer her. Man findet Malachit in Afrika, Chile, Amerika, Frankreich und Russland, wo sehr schöne Ornamente und Schmuckgegenstände aus diesem Halbdelstein gemacht werden. Malachit wurde häufig in den grandiosen russischen Palästen für Säulen und für gigantische Urnen verwendet. In Italien wurde es früher als Intarsie oder als Tischplatte genutzt.

Malachit zeigt ein Muster unvollständiger Kreise, Bögen und Flecken in dunklen und hellen Grüntönen, die von Grasgrün bis zu Blaugrün variieren. Um eine genaue Vorstellung von diesem wunderschönen Stein zu erhalten, sollte man ihn in einer Mineraliensammlung im Museum oder einem entsprechenden Geschäft gründlich studieren. Von allen Bravouranstrichen erfordert Malachit wohl die intensivsten Überlegungen.

Man kann diese Technik zwar mit wasserlöslichen Farben ausführen, doch die besten Ergebnisse erzielt man mit Ölfarbe, die dem Anstrich größere Tiefe und Intensität geben. Durch die längere Trockenzeit bleibt auch mehr Spielraum für die Gestaltung. Die Malachitstrukturen macht man mit einem ziemlich festen, aber noch biegsamen Kartonstück. Dünner Verpackungskarton ist gut geeignet. Der Karton von Müslipackungen und anderen größeren Schachteln ist zu weich. Die Größe des Kartonstücks bestimmt die Größe der Malachitstruktur. Es sollte sich aber noch bequem handhaben lassen.

EIGNUNG
Kleine Gegenstände
Tischplatten, Paneele, Einfassungen

MATERIAL
Smaragdgrüne Grundfarbe
10% Öllasur
5% Testbenzin
85% Ölfarbe (Heliogengrün)
Ölfarbe Umbra natur
Ölfarbe Ultramarinblau
Glanzmittel (für Ölfarbe)

GERÄTE
Haushaltspinsel oder Fitscher zum Auftragen der Lasur
Trikotstoff
Schlichtpinsel
Kleine Stücke dünnen, starken Kartons
Kurzhaariger Borstenpinsel
Lackpinsel

TIPPS
- Die Lasurfarbe sollte nicht zu zähflüssig sein, da sonst reliefartige Streifen in der Struktur entstehen.

LINKS UND OBEN *Ein gemaltes Malachitlabyrinth ist eine eigenwillige Verwendung eines Bravouranstrichs, den man weit häufiger an kleinen Gegenständen und als Intarsie in Möbelstücken sieht. Das Muster wurde auf die ungestrichene Wand mit einem Bleistift aufgezeichnet, die Zwischenräume mit Abdeckband abgeklebt und das Labyrinth wie eine Einlegearbeit gestaltet.*

1 Heliogengrün mit etwas Öllasur und einer Spur Testbenzin mischen und auf eine smaragdgrüne Basis aufstreichen. Einige Stellen bleiben für den nächsten Arbeitsgang ausgespart.

2 Eine Spur Umbra natur zu der grünen Lasur dazugeben und einen Teil der ausgesparten Flächen damit bemalen. Mit Zugabe von Ultramarinblau zu dieser Mischung die restliche Fläche ausfüllen. Die Farbvariation ist jetzt schon recht schön, wird aber in den nächsten Arbeitsgängen noch subtiler.

3 Die ganze Fläche kräftig mit Trikotstoff abtupfen und dabei Pinselstriche und überschüssige Farbe beseitigen.

4 Die Stoffabdrücke mit einem Dachshaarpinsel schlichten, bis die Fläche glatt und glänzend ist.

5 Ein Stück Karton falten und am Falz zerreißen. Mit dieser Arbeitskante einen Kreis beschreiben und mit gleich bleibendem Druck die Lasurfarbe abschaben. Das Malachitmuster entsteht durch die Bewegung, wobei eine Ecke des Schabers den Kreismittelpunkt bildet.

6 Das zweite Muster soll das erste leicht überlappen. Gehen Sie mit diesen Mustern über die ganze Fläche.

7 Sobald das Kartonstück aufweicht, nehmen Sie ein neues. Da die Malachitkreise unterschiedlich groß sind, sollte man verschieden lange Kartonstücke nehmen.

8 Durch kreisförmiges Drehen eines kurzborstigen Pinsels entstehen an dunklen Stellen einige kleine Malachitformen. Aber nicht zu viele einsetzen!

LINKS *Ein einfaches Holzkästchen wurde durch die Malachittechnik zum Schmuckstück. Es wurde schwarz angemalt und mit Malachiteinlagen versehen. Die goldenen Linien vervollständigen die prachtvolle Erscheinung.*

9 Nun werden mit dem Pinselstiel um jede Malachitform in den dunkel gebliebenen Zwischenräumen dünne Linien gezogen.

10 Mit einem Schlichtpinsel schlichten, ohne die Malachitkonturen zu verwischen. Abschließend lackieren, um den täuschend echten Effekt zu erhöhen (s. S. 44-45).

OBEN Lasuren aus Lichtem Ocker, Hellrot und Weiß auf Lichtem Ocker

MITTE Lasuren aus Ultramarinblau, Umbra gebrannt und Weiß auf Hellblau

UNTEN Lasuren aus Ultramarinblau, Umbra gebrannt und Weiß auf Mohnrot

11 Der Gesamtentwurf ist entscheidend. Deshalb sollte man vorher unbedingt echten Malachit ansehen. Große vollständige Kreise sind selten, die meisten sind gebrochen und gesplittert.

RECHTS *An kleinen Objekten sieht Malachitmalerei besonders gut aus und wurde früher größtenteils so verwendet.*

Porphyr

Das Wort Porphyr stammt vom griechischen porphyreos, purpurn, und bezeichnet einen purpurroten, körnigen Stein. Die Marmoriertechnik gelangte im 17. Jahrhundert aus Italien nach England.

Neben den gewöhnlich rötlich-braunen Porphyrarten gibt es auch den rötlich-braunen ägyptischen Porphyr, braunen Porphyr mit Quarzadern; in Skandinavien gibt es Porphyr mit roten, grünen und rosa Flecken und grünen und violetten in Frankreich. Qualität und Dichte des Porphyrs variieren stark. Gelegentlich hat er Eisenpyriteinlagen, auch als Katzengold bekannt.

Um Porphyr wirklich gut zu imitieren, muss man über den Grundanstrich eine vom Grundton abweichende Lasurfarbe entweder farbwaschen (s. S. 62-63) oder trikottupfen, damit der Sprenkeleffekt besser zur Geltung kommt. Nehmen Sie für den Grundanstrich und die Lasur natürliche Farben wie Rosa, Rot oder Orange. Ein intensiver Farbeffekt entsteht, wenn man den Grundanstrich mit einem dunkleren Ton lasiert. Ein gedämpfter Effekt entsteht, wenn man hell lasiert.

Sprenkeln (s. S. 70-71) Sie die Fläche mit verdünnter Acrylfarbe in drei oder mehr Tönen der gleichen Grundfarbe. Die Farbmischung muss die richtige Dichte haben, damit eine gleichmäßige Oberfläche entsteht. Die Mischung darf aber keine Lasur enthalten, da sich sonst auf der Oberfläche Klumpen bilden. Je näher oder weiter weg von der Oberfläche gespritzt wird, umso feiner oder gröber werden die Sprenkel.

Der Porphyreffekt kann in fast jede Farbe umgesetzt werden, obwohl die natürlichen Farben des Steines am besten aussehen.

In Porphyr werden meist kleine Details und Gegenstände, wie Plinthen, ornamentale Sockelzonen und Intarsien, gestaltet. Auch größere Objekte wurden gelegentlich in Porphyr dekoriert. Man kann ihn auch als Material für Schreibtische und Tischplatten bewundern. Aufgrund seiner Dichte kontrastiert Porphyr gut mit groß gemustertem Marmor.

EIGNUNG

Sockelbasen und Intarsien, Tischplatten und Säulen

MATERIAL

Lasur, Farbe, Glanzmittel

GERÄTE

Haushaltspinsel oder Fitscher zum Auftragen der Lasur
Trikotstoff
Schlichtpinsel
Kleiner kurzhaariger Pinsel zum Sprenkeln
Pinselstiel
Lackpinsel

TIPPS

- Testen Sie zwischendurch die Konsistenz der Sprenkelfarbe.
- Keine Lasur der Sprenkelfarbe zusetzen, da sie sonst verklumpt.
- Nicht zuviel Farbe zum Sprenkeln aufnehmen.

UNTEN *Ein schlichter Lampenständer aus Holz wirkt mit einem ausgefallenen Porphyranstrich geradezu pompös.*

OBEN *Eine große Fläche in Porphyr zu sprenkeln ist sehr zeitaufwendig. Man kann einen ähnlichen Effekt erreichen, wenn man die Lasur mit einem feuchten Schwamm aufträgt wie bei dieser Säule (s. S. 58-59).*

1 Tragen Sie auf einen roten Grundanstrich eine rote Lasur in einem etwas anderen Ton auf. Mischen Sie für den intensivsten Ton viel Farbe mit der Lasur.

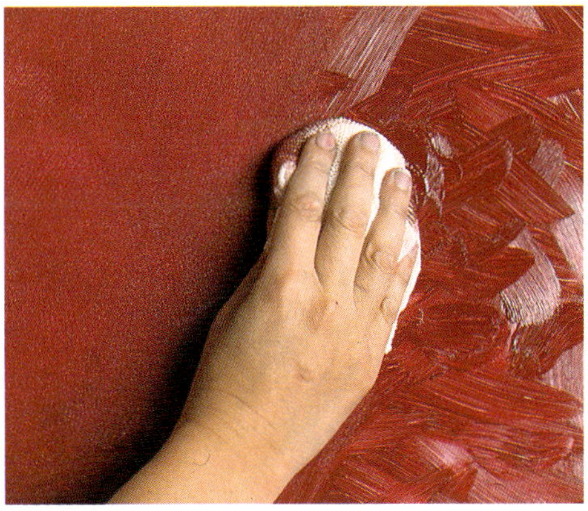

2 Mit Trikotstoff die Pinselstriche verwischen und überschüssige Farbe entfernen, damit der Sprenkeleffekt besser zur Geltung kommt.

3 Wenn man es für nötig hält, kann man jetzt schon schlichten. Dabei dürfen aber keine Kratzer entstehen.

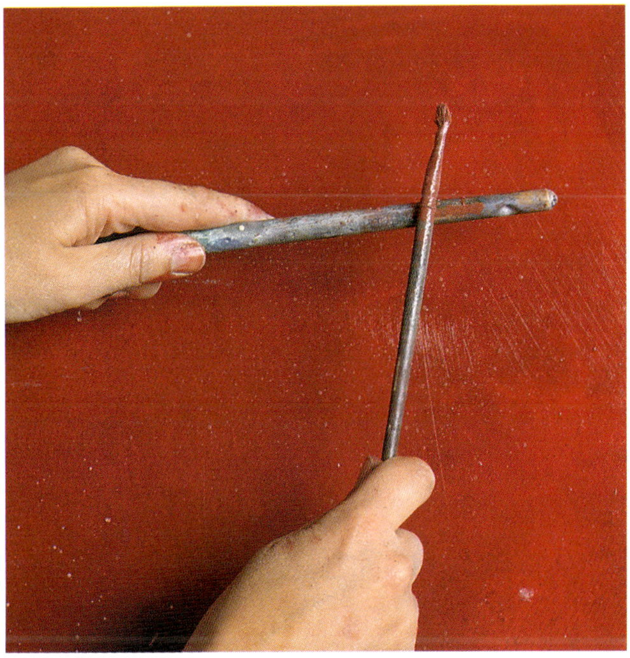

4 Mischen Sie drei verschiedene rote Farbtöne aus. Die Konsistenz sollte sehr flüssig sein. Für einen feinen Sprühregen mit einem vollen Pinsel auf einen Pinselstiel schlagen.

5 Gleichmäßig alle drei Farbtöne über die Fläche sprenkeln. Abschließend lackieren (s. S. 44-45).

RECHTS
Lasur in Alizarinkarmesin mit Terrakotta (Siena gebrannt, darüber Sprenkel in Umbra gebrannt und gebrochenem Rosa auf Karminrot)

Lapislazuli

Lapislazuli ist ein sehr schöner blauer Halbedelstein mit winzigen Einschlüssen von goldenen Pyritkristallen, welche die Leuchtkraft des Minerals unterstützen. Manchmal weist er helle Flecken und kleine Adern auf. Der halbopake Stein ist wertvoll und nur selten in großen Mengen anzutreffen. Man verwendet ihn oft als Intarsie auf Möbelstücken oder kleinen dekorativen Gegenständen, wie Schachteln und Rahmen.

Im 15. Jahrhundert verwendeten die italienischen Maler der Renaissance das pulverisierte Mineral als kostbares Pigment z. B. für den Mantel der Jungfrau Maria in Altarstücken. Heute ist es außer für Restaurationen zum Malen zu kostbar. Der moderne Ersatz ist künstliches Ultramarinblau.

Man kann Lapislazuli mit Acrylfarben imitieren, braucht aber dazu beträchtliches Geschick, um die wunderbare Tiefe des Minerals zu erzielen. Die hier gezeigte Technik beruht auf Öllasuren. Um Lapislazuli zu imitieren, muss man sowohl dunkle wie helle Farbflächen mit verdünnten Ölfarben anlegen und mit Goldbronze sprenkeln (s. S. 144-145). Damit der Anstrich nicht nur echt aussieht, sondern sich auch so anfühlt, wird er lackiert und gewachst.

Bei dieser Technik hängt viel von der richtigen Konsistenz der Farbe ab. Die Sprenkel dürfen nicht vorstehen und keine hässlichen Flecken bilden. Auf keinen Fall Lasur in die Farbe geben, da sie sonst klumpt.

EIGNUNG

Kleine Möbelstücke, hauptsächlich als Intarsie

MATERIAL

10% Öllasur, 5% Testbenzin
85% Ölfarbe: Ultramarinblau und Umbra gebrannt
3 Blautöne zum Sprenkeln
Terpentin zum Verdünnen der Ölfarbe
Goldbronzepulver, Glanzlack, Wachs

GERÄTE

Haushaltspinsel oder Fitscher zum Auftragen der Lasur
Trikotstoff
Schlichtpinsel
Kleiner kurzhaariger Pinsel für die Goldbronze
Lackpinsel
Feine Stahlwolle
Weiches Tuch

TIPPS

- Zu wenig Terpentinzusatz zur Farbe lässt die Farbe klumpen, zu viel reißt Löcher in die Farbschicht.
- Niemals mit Farblasur sprenkeln, da sich sonst hässliche Flecken auf der Fläche bilden.

1 Ultramarinblau mit Lasur und ganz wenig Testbenzin mischen. Hauptstellen mit dem Pinsel auftragen.

2 Die Lücken mit einer Mischung aus Ultramarinblau und Umbra gebrannt ausfüllen.

3 Mit Trikotstoff Pinselstriche entfernen. Das Blau sollte einem klaren, leuchtenden Himmelsblau ähneln. Mit einem Dachshaarpinsel schlichten. Den Pinsel nicht aus dem Handgelenk, sondern aus dem ganzen Arm führen.

4 Drei Blautöne, mit Terpentin verdünnt, mischen. In Form einer Milchstraße über die Fläche sprenkeln, indem man den vollen Pinsel auf einen Pinselstiel schlägt.

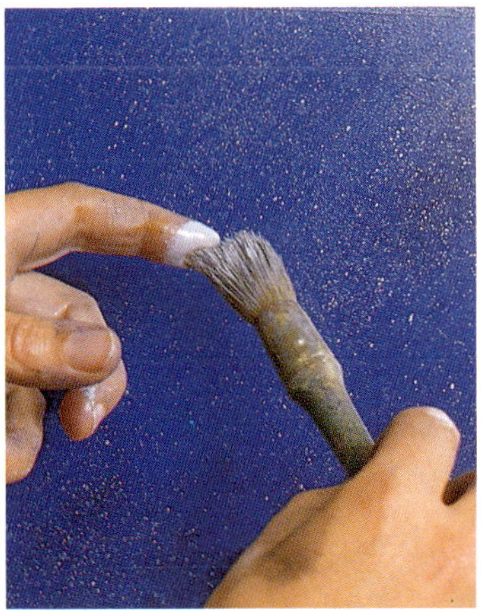

5 Den hellsten Ton aufsprenkeln, wobei die Borsten mit dem Zeigefinger zurückgebogen werden.

6 Sehr vorsichtig etwas Goldpulver aufsprenkeln, das wie dahintreibende Schwaden wirken soll.

7 Lackieren und wachsen (s. S. 44-45), um das Aussehen von kaltem Stein vorzutäuschen.

RECHTS *Lapislazuli wird traditionell mit kostbaren Metallen kombiniert.*

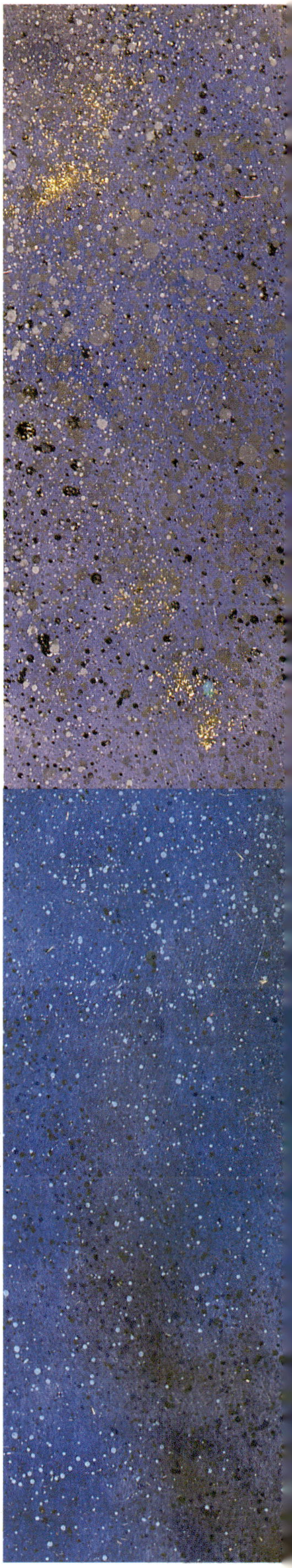

OBEN
Lasur in Ultramarinblau mit Sprenkeln in Hell- und Dunkelblau, sowie Goldpulverteilchen

UNTEN
Lasurmischung in Kobaltblau und Umbra natur mit Sprenkeln in Hell- und Dunkelblau

Achat

ACHAT GIBT ES in allen möglichen Farben. Die häufigsten Farben sind Moos- und Olivgrün, sowie Lichte Ockertöne. Streifenachat wird oft in Beige und Rot imitiert, um Rostflecke in der Struktur nachzuahmen. Man kann aber auch intensivere Farbeffekte ausprobieren.

Um die Streifenstruktur des Achats zu imitieren, wird ein Stück Karton über die ölhaltige oder wasserlösliche Lasur nach unten gezogen. Dazu eignet sich am besten dünner, flexibler Karton (Verpackungskarton). Dickes Material, wie von Müsli- oder Cornflakespackungen saugt sich zu schnell voll, was zu unklaren Linien führt.

Das Kartonstück muss so breit sein, dass man es bequem halten kann. Die Risslinie dient als Arbeitskante. Sobald der Karton aufweicht, reißt man ein neues Stück ab.

EIGNUNG

Flache Gegenstände wie Paneele und Fußböden

MATERIAL

Lasur • Farbe
Glanzlack

GERÄTE

Haushaltspinsel oder Fitscher zum Auftragen der Lasur
Trikotstoff
Fester Karton
Lackpinsel

TIPPS

- Es ist schwer, eine lange gerade Struktur die ganze Wand herunter beizubehalten. Sobald man stoppt und den Karton neu ansetzt, entsteht eine waagerechte Spur. Versuchen Sie diese in das Design einzubeziehen.

1 Fläche mit einer gleichmäßigen Lasurschicht überziehen.

2 Kleine „Rostflecken" in Indischrot oder Hellrot hinzufügen.

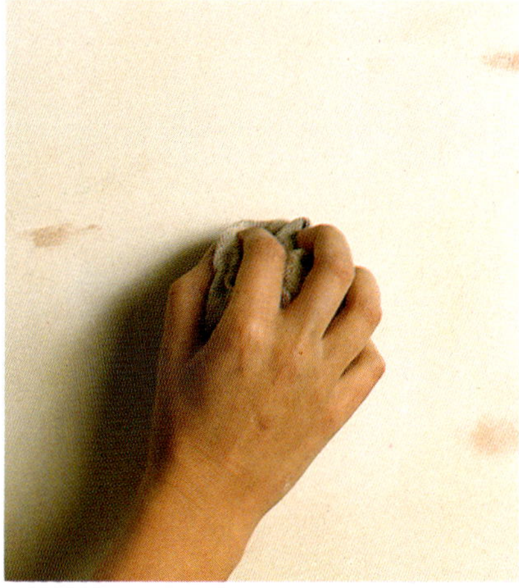

3 Mit einem Trikotstoff bearbeiten. Beim Dekorieren einer großen Fläche kann das entfallen.

4 Ein Stück Karton in leichter Wellenlinie senkrecht nach unten ziehen.

5 Die ganze Fläche bearbeiten und abschließend lackieren (s. S. 44-45).

Granit

GRANIT HAT DIESELBE Grundstruktur wie Lapislazuli und Porphyr (s. S. 94-97), ist aber anders gefärbt und manchmal grobkörnig. Die häufigste Farbe ist grau, zuweilen aber auch rosabraun, blaugrau und hell grünlichgrau. Man kann auch andere Farben zumischen, um bestimmte Farbeffekte zu erzielen.

Besser als eine ganz weiße Grundfarbe wirkt eine Pastellfarbe, wie Hellblau oder Hellgelb, die mehr Tiefe gibt. Die Granitoberfläche variiert von fein gesprenkelt bis zu gröberen Strukturen. Verändern Sie beim Sprenkeln den Abstand zur Bildfläche, um die Punktgröße zu variieren (s. S. 70-71).

Da Granit nicht besonders wertvoll ist, wird er großflächig an Gebäuden verarbeitet. Der schlichte Stein macht sich gut als Hintergrund von Marmorfußböden mit Schachbrettmustern und im Zusammenspiel mit ausgefallenen Gestaltungselementen.

EIGNUNG
Fußböden, Säulen, Ornamente und Einfassungen

MATERIAL
Lasur • Farbe • Glanzlack

GERÄTE
Haushaltspinsel oder Fitscher zum Auftragen der Lasur
Trikotstoff • Schlichtpinsel
Schwamm
Kleiner kurzhaariger Pinsel
Lackpinsel

TIPPS
- Die Konsistenz der verdünnten Farbe vor dem Sprenkeln testen. (s. S. 70-71).

1 Eine graue Lasur auftragen. Die ersten beiden Schritte können ausgelassen werden.

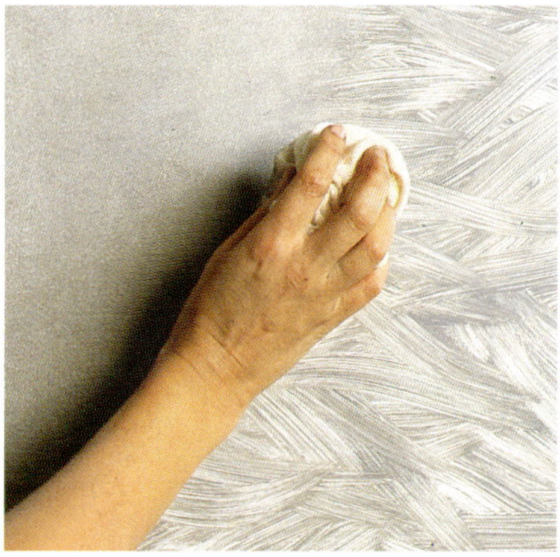

2 Pinselstriche mit Trikotstoff entfernen. Anschließend schlichten.

3 Mit dem Schwamm einen helleren und einen dunkleren Grauton als den des Lasurgrundes auftupfen. Beginnen Sie mit dem mittleren Ton und fügen Sie dann hellere und dunklere dazu, bis die Grautöne möglichst vielseitig wirken.

4 Drei Grautöne gleichmäßig über die ganze Oberfläche sprenkeln. Abschließend lackieren (s. S. 44-45).

OBEN
Braun und Dunkelbraun auf Hellgelb

MITTE
Braun mit Blau und Weiß auf Weiß

UNTEN
Blau mit Braun und Weiß auf Hellblau

Schildpatt

Das wundervoll gemusterte Rückenschild der Meeresschildkröte wurde schon lange für ornamentale und dekorative Arbeiten verwendet. Dieses als Schildpatt bekannte organische Material konnte leicht über Feuer und auf einer Drehbank geformt werden. Es wurde für Schmuckgegenstände, Kämme, Kästchen und als Intarsie für Möbelstücke verwendet. Im 18. Jahrhundert gestaltete der Kunsttischler Ludwigs XIV. André Boulle Kommoden, Schreibtische, Sekretäre und Uhrengehäuse in Schildpatt, das er mit Intarsien aus Silber, Hartzinn und Goldbronze kombinierte. Heute ist die Verwendung von echtem Schildpatt in vielen Ländern verboten. Daher ist die Nachfrage nach Imitationen besonders groß.

Vom 16. Jahrhundert an überstieg die Nachfrage an Schildpatt das Angebot. Daher bemühten sich Kunsthandwerker in ganz Europa um eine Imitation des edlen Stoffes. Laut einem Vertrag des ausgehenden 17. Jahrhunderts wurden in Schildpatt häufig Vitrinen, Tische und dergleichen gestaltet. Möbel und kleinere Gegenstände wie Bilder-, Spiegel- und Zierrahmen wurden so bemalt und anschließend mit Gold geschmückt. In England und Frankreich wurden Decken, Gesimse und Holzteile bis weit ins 19. Jahrhundert in Schildpatt gemalt.

Schildpatt kann mit Acrylfarben, besser aber mit Ölfarben nachgeahmt werden, die nicht so schnell trocknen und sich länger bearbeiten lassen. Da auch echtes Schildpatt öfter eingefärbt wurde, kann man die Imitation auf verschiedenen farbigen Gründen ausprobieren. Für eine naturgetreue Imitation nimmt man am besten Weiß, Gelb oder Blattgold für einen wirklich luxuriösen Effekt (s. S. 138-139).

Das Schildpattmuster wird mit diagonalen Pinselstrichen unterschiedlicher Breite und Länge imitiert. Die Struktur variiert von sehr dunklen bis zu sehr hellen Farben mit unterschiedlicher Zeichnung. Über die Grundfarbe wird eine Lasurschicht gelegt und mit Tupfen von Ölfarbe bearbeitet. Die Tupfen werden mit einem Schlichtpinsel über die Lasur in Flecken oder Streifen vertrieben.

Echtes Schildpatt wurde nur in kleinen Mengen für einen Rahmen oder einen Topf verwendet. An einer Wand dürfen die Details nicht so genau herausgearbeitet sein wie bei einem Muster in kleinem Maßstab. Will man das Muster etwas übertreiben, kann man es auf der Wand vergrößern und eine Farbe auslassen, um die Arbeit einfacher zu machen.

EIGNUNG

Kleine Gegenstände, Möbelstücke und Wände

MATERIAL

Transfergold
Glanzlack
50% Öllasur
50% Testbenzin
Terpentin zum Verdünnen der Farben
Ölfarben:
Siena natur
Siena gebrannt
Umbra gebrannt

GERÄTE

Haushaltspinsel oder Fitscher zum Auftragen der Lasur
Fitscher zum Auftragen der Ölfarben
Schlichtpinsel
Kleiner kurzhaariger Borstenpinsel zum Sprenkeln
Pinselstiel
Rotmarderpinsel
Lackpinsel

TIPPS

- Die Konsistenz der Farbe vor dem Sprenkeln testen. Sie sollte beim Abstreichen des Pinsels leicht verlaufen.

UNTEN *Schildpatt wurde schon immer für Rahmen verwendet. Daher eignet sich dafür auch die Imitation. Der Rahmen sollte relativ schlicht sein.*

OBEN *Dieser Metalltopf wurde in Schildpatt gemalt. Satte, kräftige Farben wie Gold und Schwarz schmücken zusätzlich.*

1 Eine mittelgelbe Lasur wird über eine trockene Basis aus lackiertem Transfergold gestrichen (s. S. 138-139).

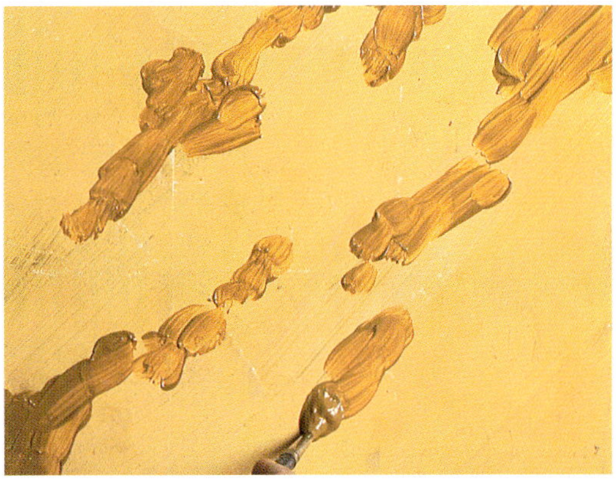

2 Siena natur mit ein wenig Terpentin mischen und in diagonalen Wolkenformen auftragen. Beim Schlichten verschmelzen die Farbtupfen.

3 Kleine Flecken in verdünntem Siena gebrannt und Umbra natur diagonal auftragen.

4 In Musterrichtung mit Dachshaarpinsel schlichten.

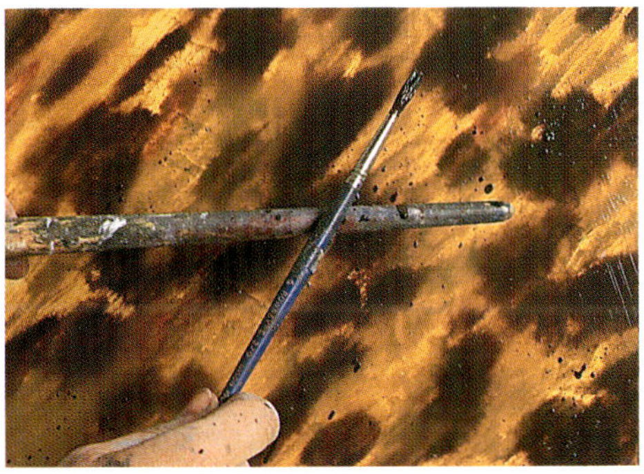

5 Kleine Zonen mit Umbra gebrannt und Terpentin sprenkeln.

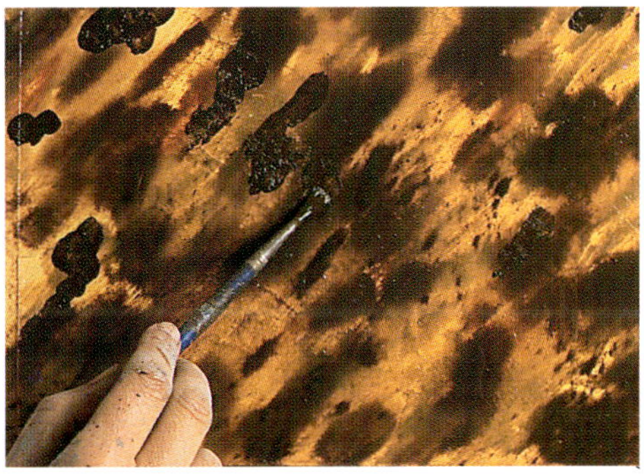

6 Zusätzlich oder statt der Sprenkel kleine Flecken in Umbra gebrannt aufmalen.

7 Leicht schlichten. Hinzufügen und Schlichten von Details auf der bereits vermalten Fläche ergibt zusätzliche Tiefe.

8 Mit Glanzlack lässt sich ein Hochglanzeffekt erzeugen (s. S. 44-45).

OBEN
Alizarin-karmesin und Umbra gebrannt auf Weiß

UNTEN
Chromoxid-grün und Umbra natur auf Weiß

Moiré

Diese attraktive Technik imitiert das Wellenmuster von Seidenmoiré. Man benutzt dazu einen Maserstempel, der eigentlich für Maserungstechniken gedacht ist. Der Maserstempel hat einen auswechselbaren Kopf mit einer Reihe von eingeschnittenen Bogenformen, mit denen je nach Einsatz eine enge oder weite Maserung erzielt wird.

Die Lasur wird sehr dünn in Streifen auf eine Wand aufgetragen. Bei jedem Streifen wird ein unbearbeiteter Rand stehen gelassen, in den der nächste Lasurauftrag vermalt wird. So bleibt die Lasur feucht und bildet keine dunklen Ränder. Vor dem Masern wischt man die Fläche mit einem weichen Tuch ab, damit nur eine ganze dünne Lasurschicht stehen bleibt.

Ein Dreieckskamm und ein Maserstempel können wechselweise eingesetzt werden, um die Musterung abwechslungsreich zu gestalten. Beim Herunterziehen des Maserstempels durch verschiedene Neigung des Kopfes Maserungskerne entstehen lassen.

Basisfarbe und Lasur sollten im Farbton ähnlich sein. Das Moiré-Muster schimmert im Licht durch. Ein zu großer Farbtonunterschied würde hier zu grob wirken. Subtile Farben ergeben einen feinen Anstrich. Doch kann man auch intensive Farben als modernes Design ausprobieren.

EIGNUNG

Wände, Paneele und Möbelstücke

MATERIAL

Lasur • Farbe • Seidenmatter Lack

GERÄTE

Haushaltspinsel zum Auftragen der Lasur
Lappen • Maserstempel
Dreieckskamm
Schlagpinsel• Lackpinsel

TIPPS

- Wichtig für diese Technik ist, nur sehr wenig Lasur zu verwenden. Zu viel Lasur verschmiert unter dem Druck des Maserstempels.

1 Mit einem Haushaltspinsel Lasur gleichmäßig dünn in Auf- und Abbewegungen auftragen.

2 Mit einem weichen Lappen die Lasur bis auf eine dünne Schicht abwischen.

3 Einen Maserstempel behutsam abwärts ziehen und dabei in unregelmäßigen Abständen die Neigung verändern, um Maserkerne zu erzielen.

4 Mit einem Dreieckskamm stellenweise senkrechte Streifen ziehen.

5 Wenn die Lasur trocknet und zäh wird, mit einem Schlagpinsel leicht abziehen. Ergibt Gewebestruktur.

6 Ganz leicht mit einem Schlagpinsel horizontal streichen, damit die Gewebestruktur deutlich hervortritt. Lackieren (s. S. 44-45).

RECHTS *Diese Tür wurde in Moiré-Technik in Hellblau über Dunkelblau gestrichen. Obwohl Moiré-Stoff immer nur einen Farbton aufweist, variiert dieser ganz leicht im Ton. Da man mit dem Maserstempel nicht in die Ecken kommt, umgibt man die Paneele mit einer Einfassungslinie wie hier. Bevor man das Wellenmuster zieht, umklebt man entweder die Paneele mit Maskierband oder man wischt hinterher die Ränder mit einem Tuch und Testbenzin ab.*

RECHTS Blaues Moiré auf sandfarbenem Grund

Eiche

EICHE IST NICHT allzu schwer zu imitieren. Man braucht dazu auch keinen Schlichtpinsel. Eiche wurde seit dem 18. Jahrhundert für Türen, Paneele und Möbelstücke imitiert.

Der helle Farbton der Natureiche schwankt zwischen Cremefarben und einem warmen Gelb, dunkelt aber mit der Zeit nach. Eiche wird oft gekälkt, was eine helle graubraune Farbe ergibt, oder in dunklen, warmbraunen oder fast schwarzen Tönen gebeizt. Man kann Eiche aber auch in ganz modernen bunten Farben erhalten. Diese Farbeffekte können alle mit verschiedenen Lasurfarben nachgeahmt werden. Für einen natürlichen Eicheneffekt nehmen Sie eine helle, warme Grundfarbe und eine helle, warme graubraune Lasur.

Eichenmaserung kennzeichnen sogenannte Lichter, gebrochene, bogenförmige Aussparungen, die man auf vielerlei Weise nachahmen kann: mit dem Fingerknöchel, dem Daumen, einem umwickelten Korken oder einem in Tuch gewickelten Dreieckskamm.

Da in Eiche ganze Räume getäfelt wurden, sollte man große Flächen als Tafelwerk (Paneele) gestalten. Man zeichnet mit dem Bleistift einen Meter breite Abschnitte vor, genau wie beim Marmorieren.

EIGNUNG

Türen, Sockel, Paneele, Wände und Möbel

MATERIAL

Lasur • Farbe

Seidenmatter Lack

GERÄTE

Haushaltspinsel zum Auftragen der Lasur

Schlagpinsel

Dreieckskamm • Abgestufter Kamm

Maserstempel • Tuch

Lackpinsel

TIPPS

- Die Lasurschicht muss ganz dünn aufgestrichen werden. Der Kammzug macht in eine zu dicke Lasur reliefartige Streifen.
- Die Farbe des Holzes variiert. Variieren Sie deshalb die Farbe der Lasur ein wenig, indem Sie für einen leicht dunkleren Ton nur etwas der Farbe zufügen.

1 Nehmen Sie als Basisfarbe einen helleren Ton als die Lasur. Auftragen und trocknen lassen.

2 Legen Sie auf dieser Grundierung mit dem Haushaltspinsel eine dünne und gleichmäßige Lasurschicht in vertikalen Strichen an.

3 Mit einem Schlagpinsel auf- und abwärts ziehen, um eine ganz dünne Lasurschicht zu erhalten.

4 Abwechselnd mit einem Dreiecks- und Stufenkamm die Lasur bearbeiten. Den Kamm mit beiden Händen halten, damit er nicht wegrutscht.

5 Den Maserstempel für Eiche (große Maserung) aufsetzen, abwärts ziehen und von Zeit zu Zeit steiler bzw. flacher halten.

6 Dreieckskamm diagonal abwärts ziehen, um Poren in der Maserung zu schaffen. Mit dem Kamm auch die Stempelmarkierung auflockern.

7 Die zähe, fast trockene Lasur mit dem Schlagpinsel schlagen.

8 Die Lichter (den „Spiegel") kann man entweder mit dem Daumen oder mit einem in Stoff gewickelten Korken anbringen. Hier wird ein in Stoff gewickelter Dreieckskamm verwendet.

9 Den Anstrich ein zweites Mal schlagen, um deutlicher zu strukturieren. Mit einem seidenmatten Lack lackieren (s. S. 44-45).

RECHTS *Dieser in Eiche getäfelte Sockel wurde ohne Maserstempel mit verschiedenen Kämmen gemalt. Die „Spiegel" wurden nur an der oberen und unteren Einfassung angebracht.*

OBEN
Siena natur auf Weiß

MITTE
Helles Blaugrau auf Sandfarbe (Siena natur)

UNTEN
Umbra natur auf Hellgelb

Vogelaugenahorn

DIESE HOLZART HAT eine schöne, wellige Maserung und unzählige kleine Punkte oder „Augen". Vogelaugenahorn hat meist eine warme gelbe oder kühlere rotbraune Farbe und wird oft für Bilderrahmen verwendet.

Die Imitation dieses Holzes lässt sich mit Acrylfarben gut schaffen, da die Technik dem Aquarellieren ähnelt. Es geht aber auch mit ölhaltigen Farben, vor allem bei größeren Flächen, wo man zum Bearbeiten langsam trocknende Lasuren braucht.

Der Grundanstrich ist entweder weiß oder cremefarben, rosa oder gelb. Man trägt die Lasurmischung mit einem Haushaltspinsel oder Modler auf, wobei man die Farbe mit dem Pinsel in Streifen abwärts wedelt. Die „Augen" werden mit dem kleinen Finger oder Knöchel in die dunkelste Farbe gedrückt, wobei der helle Grund freigelegt wird und in der Mitte ein dunkler Fleck entsteht.

Bei einer anderen Methode trägt man die Lasur mit dem Haushaltspinsel auf und „wedelt" anschließend mit einem zweiten Pinsel in Streifen abwärts. Die „Augen" werden wie oben beschrieben mit dem Finger oder dem Knöchel eingetupft.

Der Effekt kann nach dem Trocknen nach Wunsch geschlichtet werden.

EIGNUNG

Kleine Flächen wie Paneele und kleine Objekte, wie Kästchen und Rahmen

MATERIAL

Lasur
Farbe
Seidenmatter Lack

GERÄTE

Haushaltspinsel oder Modler
Schwamm
Schlichtpinsel
Feiner Künstlerpinsel
Lackpinsel

TIPPS

- Die Lasur sollte fast durchsichtig sein. Also wenig Farbe zufügen.
- Ein kleine Menge Lasur reicht lange aus. Nur so viel anmischen, wie gebraucht wird.

OBEN *Dieser getäfelte Sockel in Vogelaugenahorn wurde mit Acrylfarben gemalt. Auf großen Flächen kann dies Schwierigkeiten bereiten, da die Farbe so schnell trocknet. Der Anstrich wirkt so jedoch fein und weich.*

OBEN *Der Vogelaugenahorn wirkt bei diesem Vasenständer besonders gut, weil solche Dinge oft aus diesem Holz gemacht werden.*

1 Mit einer dünnen Lasur-Farbmischung die Fläche abwärts wedeln, dabei durch Variieren des Drucks hellere und dunklere Stellen schaffen.

2 Die ganze Fläche mit einem feuchten Schwamm betupfen, um die Maserung der Lasur aufzulockern, aber nicht zu zerstören.

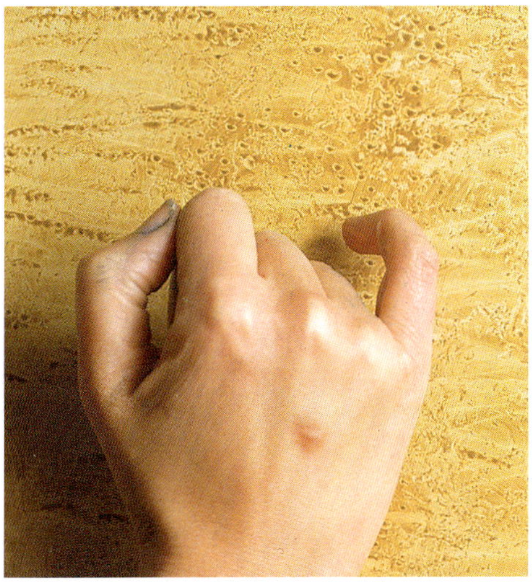

3 Die noch nasse Lasur mit der Spitze des kleinen Fingers oder den Knöcheln an den nassesten Stellen betupfen, um Augen zu bilden.

4 Entweder die Fläche trocknen lassen und danach lackieren (s. S. 44-45) oder weiter bearbeiten.

5 Nach Trocknen der nassesten Stellen der Lasur (der Augen) mit einem Schlichtpinsel abwärts schlichten.

6 Mit einem seidenmatten Lack den Anstrich schützen (s. S. 44-45).

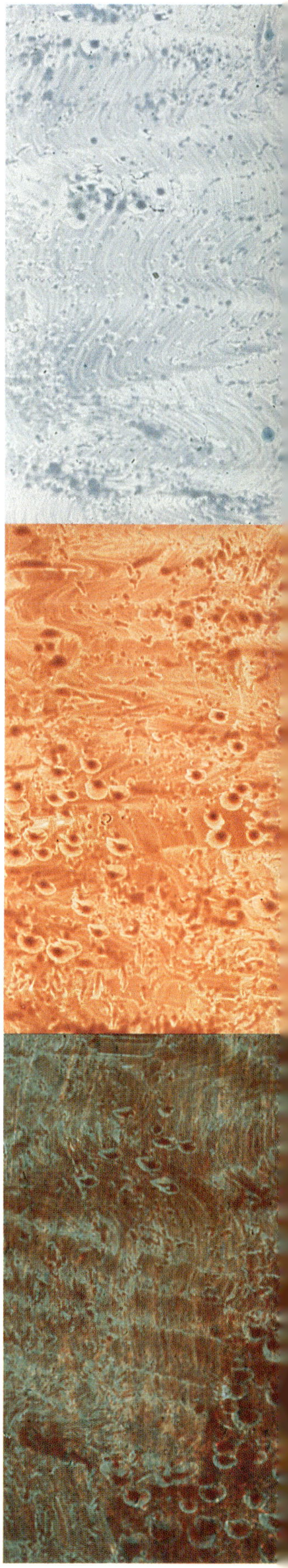

OBEN
Hellblau auf Weiß

MITTE
Orangerot auf Weiß

UNTEN
Mittelrot auf Grün

Wurzelwalnuss

Dieses schöne Holz wird wegen seiner wunderschönen Farbe oft gemalt. Heute ist es sehr teuer und äußerst begehrt. In den dreißiger Jahren war dunkel gebeizte Walnuss in Mode. Am schönsten wirken jedoch die cremegelben Arten. Die in alle Richtungen sich drehenden und wirbelnden Astanhäufungen entstehen dadurch, dass die Bäume gestutzt und „geköpft" werden. Nicht jedes Walnussholz hat diese Wirbel. Einfache Hölzer sehen dem gelben Mahagoni ähnlich. Walnussholz wird nicht für große Flächen genutzt, wohl aber für Tafelwerk, bei dem meist vier Furniere zu einem Muster zusammengefügt werden. Dieses Holz wird oft für Türen mit und ohne Füllungen an Schränken und für Zimmertüren verwendet. Man stellt daraus auch elegante Möbelstücke wie Schreibtische und Tische her.

Walnuss imitiert man am besten mit Ölfarben, da die längeren Trockenzeiten der Farbe längere Bearbeitung zulassen. Verschiedene kalte und warme, helle Brauntöne werden auf einem hellen, kühlen Creme- oder Weißgrundanstrich lasiert und dann behutsam mit dem Lappen verwischt, wobei er gedreht und gewendet wird, um die Maserung zu betonen. Astanhäufungen werden mit einer drehenden Pinselbewegung in Flächen mit geringer Maserung eingefügt. Man kann dies noch mit ein wenig Farbe verstärken.

EIGNUNG

Mittelgroße und kleine Flächen
wie Türpaneele, Möbel wie Tische
und Kästchen

MATERIAL

25% Öllasur
5% Testbenzin
70% Ölfarbe: Umbra natur und Siena natur
Seidenmatter Lack
Wachs

GERÄTE

Haushaltspinsel zum Auftragen der Lasur
Weiches Tuch
Kurzhaariger Borstenpinsel
Schlichtpinsel
Lackpinsel
Feine Stahlwolle

TIPPS

- Achten Sie darauf, nur eine dünne Schicht Lasur aufzutragen, damit der kolorierte Grund hindurchscheinen kann.

LINKS *Die eindrucksvollen Paneele dieser großen Türen sind in Walnuss gemalt und von den echten Walnusstüren in der Halle kaum zu unterscheiden.*

OBEN *Die Walnusspaneele wurden wie eine Einlegearbeit in eine Fassung aus Satinholz gemalt. Randleisten und Einfassungen wurden gezogen (s. S. 64-66), um wie gemasert zu wirken.*

1 Zwei Portionen Lasur mischen, eine mit Umbra natur, die andere mit Siena natur. Fleckenweise auf den Grundanstrich auftragen.

2 Mit weichem Tuch behutsam die beiden Farben verwischen und überschüssige Lasur entfernen.

3 Weiches Tuch zu einer festen Kante falten und diese in Wellenbändern über die Fläche ziehen.

4 Oder aber mit einem zusammengeknüllten Tuch ähnliche, aber unregelmäßigere Wellenbänder ziehen. Zwischenräume lassen.

5 Die Zwischenräume mit einem Borstenpinsel stupfen. Durch Drehen verschiedener Pinselgrößen Astlöcher imitieren.

6 Die gesamte Oberfläche in allen Richtungen schlichten.

7 Nach dem Trocknen den Anstrich lackieren und wachsen (s. S. 44-45).

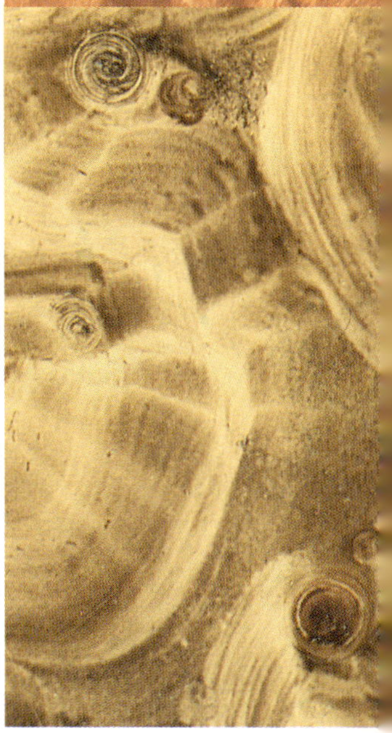

OBEN
Umbra natur und Terrakotta auf Grau

MITTE
Terrakotta und Dunkelbraun auf Weiß

UNTEN
Umbra gebrannt und Siena natur auf Weiß

Mahagoni

Mahagoni ist wegen seiner satten, warmen Farben und seiner ausgeprägten schönen Maserung sehr begehrt für Möbel und Türen. Früher wurde es noch in Karminrot, Orange oder Braun gebeizt.

Es gibt drei Arten von Maserung: die gerade Maserung wird den äußeren Teilen entnommen. Die Kernmaserung stammt aus dem Zentrum; die „Feder" (auch „Flamme" oder „Fahne" genannt) stammt aus der Krone, dem Teil des Baumes, wo die Äste dem Hauptstamm entsprießen. Die Kern- und Federmaserung eignet sich für Türpaneele, die gerade Maserung wirkt besser an Einfassungen, Fußleisten, Architraven und Sockelkehlen.

Gemaltes Mahagoni wirkt sehr ansprechend und ist auch von Anfängern zu bewältigen. Die gerade Maserung wird mit der Zugtechnik (s. S. 64-66) imitiert und entgegen der Maserung geschlichtet. Die „Feder" (wie unten gezeigt) kann einfach erzielt werden, wenn die Pinselzeichnung und -bewegung richtig verstanden ist. Man kann diese Masertechnik auch mit Acrylfarben ausführen, doch ist sie wegen der längeren Trockenzeit leichter mit Ölfarben durchzuführen.

Mahagoni wird meist auf einen Basisanstrich in Rosa oder Hellorange gestrichen. Die Lasur erfolgt mit warmen, terrakottaroten, karminroten und haselnussbraunen Farben mit wenig Zusatz von Testbenzin. Die Lasur sollte die Grundierung noch durchscheinen lassen und gleichmäßig verteilt sein. In der Mitte wird dunklere Farbe aufgetragen, um die „Feder" anzudeuten. Die Maserung wird mit einem trockenen Pinsel ausgeführt und dann über der „Feder" entgegen dem Maserungsfluss geschlichtet.

EIGNUNG

Paneele, Türen und große Möbelstücke

MATERIAL

20% Öllasur
10% Testbenzin
70% Ölfarbe: Siena gebrannt und Alizarinkarmesin
Ölfarbe: Umbra gebrannt
Terpentin zum Verdünnen
Seidenmatter Lack
Wachs

GERÄTE

Haushaltspinsel zum Auftragen der Lasur
Zweiter trockener Haushaltspinsel zum Masern
Schlichtpinsel
Lackpinsel
Feine Stahlwolle
Weiches Tuch

TIPPS

- Wenn die Maserung beim Schlichten verwischt, ist noch zu viel Lasur auf der Fläche. Entfernen Sie etwas Lasur und masern Sie noch einmal.
- Schlichten Sie nicht zu eifrig, da sonst die Lasur aufbricht.

LINKS *Diese gefüllte Kieferntür wurde in Mahagoni mit Ölfarben gemalt.*

OBEN *Ein getäfelter Sockel wurde mit Acrylfarben in Mahagoni gestaltet. Die Einfassungen wurden gezogen und in entgegengesetzter Richtung geschlichtet.*

1 Eine Lasur in Siena gebrannt und Alizarinkarmesin mit wenig Testbenzin auf den Grund auftragen.

2 Umbra gebrannt und Alizarinkarmesin auf das Zentrum und in die Ecken streichen.

3 Mit abgewischtem Pinsel leicht über die ganze Oberfläche die Farben vermischen und überschüssige Lasur beseitigen.

4 Nach dem Auftragen der Grundfarbe kann nun gemasert werden.

5 Mit einem immer im gleichen Winkel gehaltenen trockenen Haushaltspinsel Bögen ziehen. Zwischen den Bögen keine Lücken lassen.

6 Die Bögen werden weiter ohne Lücken aufgebaut und bilden dann die typische Mahagonimaserung.

7 Quer zur Maserung und manchmal auch mit der Maserung schlichten.

8 Den fertigen Mahagonianstrich lackieren (s. S. 44-45) und wachsen.

OBEN
Siena natur auf Sandfarbe (Siena gebrannt und Weiß)

MITTE
Siena gebrannt auf Hellorange

UNTEN
Umbra gebrannt auf warmem Hellbraun

KAPITEL V

SCHABLONIEREN, DRUCKEN UND FREIHANDMALEN

Ob Kartoffeldruck oder ein gemalter Himmel – die hier vorgestellten Techniken sind so unmittelbar einfach oder so fantasievoll komplex, wie man sie sich macht.

Schablonen

DAS SCHABLONIEREN IST eine seit altersher in vielen Kulturkreisen bekannte dekorative Kunst. In England existiert eine mit Schablonen gemalte Tapete aus dem Jahre 1509. Die Technik jedoch war bereits im Mittelalter bekannt.

Man kann fertige Schablonen im Fachhandel kaufen, weitaus reizvoller ist es dagegen, eigene herzustellen. Als Motiv bieten sich alle möglichen Formen an, vorausgesetzt sie sind leicht auszuschneiden. Die Natur hält einen reichen Fundus an Schablonenformen für uns bereit: verschiedenartige Pflanzen, Blumen, Farne, Blätter, Früchte, Schmetterlinge, Libellen, Muscheln, Vögel und andere Tiere.

Auch in Museen, herrschaftlichen Anwesen und vor allem mittelalterlichen Kirchen finden sich vielfältige Anregungen für dekorative Gestaltungen, z. B. Schnitzereien, Keramik, Wandbehänge, Raumteiler, bemalte Möbel, Schmiedeeisenarbeiten, Vasen, Teppiche und Rahmen. Besonders interessant sind Stickereien, Stoff- und Tapetenmuster sowie Teppiche, da sie schon zweidimensionale Muster aufweisen, die man leicht in Schablonen umsetzen kann. Schlagen Sie auch in Ausstellungskatalogen, Zeitschriften und Büchern, insbesondere über Ornamentik nach.

LINKS UND OBEN *Für diesen Schablonenentwurf wurde als Vorbild eine Rankpflanze genommen. Die Schablone wurde immer wieder verwendet, versetzt, umgedreht oder nur teilweise eingesetzt. Die Bögen zeigen jedoch nicht, dass das Muster sich wiederholt.*

LINKS UND UNTEN *Diese Schablone zeigt zwei Topfpflanzen und eine Bordüre für eine Landhausküche. Der Dekorateur kopierte echte Pflanzen und fügte die Bordüre hinzu, um Spritzer von der Spüle zu kaschieren.*

UNTEN *Ornamentbücher (Dover Books) und antiquarische Bücher zu Architekturornamenten sind hilfreiche Inspirationsquellen.*

RECHTS UND OBEN *Man kann Pflanzen abzeichnen und stilisieren, um eine ungewöhnliche Schablone zu entwerfen. Machen Sie Fotos von Blumen und Pflanzen, um Sie später als Vorlagen für Schablonen zu verwenden.*

Malen mit Schablonen

Das Schablonenmotiv wird aus Karton oder Folie herausgeschnitten, auf die Arbeitsfläche gehalten und mit Farbe ausgemalt. Um ein Zimmer ansprechend zu dekorieren ist das die einfachste und schnellste Technik. Schablonen haben den Vorteil, dass man sie sehr gut anpassen kann. Sie können auf Form und Charakter eines Zimmers, wie groß es auch sein mag, abgestimmt werden. Außerdem können Schablonen auf vielfältige Weise immer wieder verwendet werden, bevor sie endgültig ausgedient haben.

Es gibt verschiedene Arten, mit Schablonen zu malen. Manche Menschen legen Wert auf große Genauigkeit, während andere flexibler und großzügiger eingestellt sind. Die Farbe kann mit einem Schablonenpinsel, einer kleinen Farbrolle, einem Schwamm oder auch mit einem Farbspray aufgetragen werden. Man kann Schablonen umdrehen, umgekehrt verwenden oder drehen; ebenso ein Motiv wiederholen, einzeln, versetzt oder verstreut anordnen und mehrmals übereinander malen. Die stilistischen Möglichkeiten reichen von viktorianischen Nostalgiemotiven bis zu zeitgemäßen Ausdrucksformen.

Am besten lässt sich mit Schablonen auf einem nicht saugenden Grundanstrich malen wie Dispersionsfarbe mit seidenmattem Glanz, auf dem man Fehlerhaftes leicht wegwischen kann. Einige Farbtöne, wie z. B. Karminrosa, können die Wand sehr stark färben und lassen sich dann nur mit Badreiniger entfernen. Ein fertiger Wandanstrich mit Lackabschluss ist ebenfalls eine gute Fläche für Schablonenmalerei. Die aufgelockerte Struktur der Wandmalerei passt gut zu der lockeren Anordnung der Schablonenmuster. Als Basis eignet sich auch die abwechslungsreiche Struktur ungestrichenen Putzes.

Man kann bereits ausgeschnittene Schablonen oder vorgedruckte, die man noch ausschneiden muss, kaufen. Es gibt aber auch spezielles Papier und Muster, die man aufzeichnet, um dann die Schablonen selbst auszuschneiden. Besprühen Sie die Rückseite der Schablone mit Fixogum und lassen Sie es einige Zeit trocknen. Dann können Sie die Schablone auch ohne Klebeband an die Wand kleben und weiter verschieben.

Für die Schablonenmalerei nimmt man Deko- oder spezielle Schablonenfarben, die sparsam und leicht aufgetragen werden sollten. Man kann die Farbe auch durch die Schablone stupfen, was aber etwas mühseliger ist.

Bei Umfassungen und Friesen muss man in einer geraden Linie schablonieren. Das gilt auch für Neigungen an Fußböden oder an der Decke. In Ecken nimmt man entweder einen speziellen Schablonenstift oder passt das Muster den Gegebenheiten an.

1 Auf einer Entwurfsskizze werden die Stellen für die „Brücken" markiert. Die „Brücken" sind durchgehende Kartonstreifen, welche die Schablone zusammenhalten und das traditionelle „gebrochene" Aussehen des Motivs schaffen. Die auszuschneidenden Flächen schraffieren, um sicherzugehen, dass die Brücken an den richtigen Stellen sitzen und sich die Schablone anlegen lässt.

2 Die Zeichnung auf Transparentpapier übertragen, dabei die Ecken mit Klebeband befestigen. Erfahrene Schablonenmaler zeichnen oft direkt auf den Karton.

3 Die Pause umdrehen und auf den Schablonenkarton übertragen. Mit weichem Bleistift die Zeichnung durchpausen.

4 Die auszuschneidenden Teile schraffieren, um genau zu sehen, was man ausschneiden muss.

5 Mit einem Schablonenmesser Muster ausschneiden, dabei das Messer immer zu sich ziehen. Bei Rundungen nicht das Messer, sondern das Papier drehen.

6 Keine Aufregung, wenn das Messer nicht sauber schneidet und die Ränder nicht ganz scharf sind. Man sieht das später nicht. Notwendige Registrierzeichen ausschneiden.

7 Die Farben auf Papier ausprobieren. Für jede Farbe einen eigenen Pinsel und nur ganz wenig Farbe (ohne Verdünnung mit Wasser) nehmen. Nicht alles ausfüllen, sondern weiße Stellen lassen, die der Form etwas Volumen geben sollen.

OBEN *Etwas rote Farbe auch auf die grünen Blätter übertragen, um die Blume lebendiger wirken zu lassen.*

OBEN *Probieren Sie die verschiedenen Möglichkeiten der Schablone aus. Man kann sie ganz oder auch nur in Teilen und in allen möglichen Winkeln verwenden.*

OBEN *Gerissene Schablonen können auf beiden Seiten mit Klebeband zusammengehalten und neu geschnitten werden.*

OBEN *Eine besonders große Schablone muss mit Klebeband statt mit Fixogum fixiert werden. Ein Kleber hält einen großen, schweren Karton nicht aus.*

OBEN *Diese Nische wirkt durch das sich wiederholende Blumenmuster interessant. Die etwas unsymmetrische Anordnung verleiht dem Motiv seine natürliche, einzigartige Ausdruckskraft.*

LINKS *Wegen ihrer fließenden und anpassungsfähigen Formen sind Schleifen beliebte traditionelle Schablonenmotive. Es sind aber nicht nur hübsche Formen, sondern sie dienen auch der Verbindung mehrerer Motive, wodurch sie einem Entwurf Kontinuität und Rhythmus verleihen. Die unterschiedliche Farbdichte verdeutlicht die Form der Blumen.*

OBEN *Eine klassische Girlande mit Früchten und Blättern wurde mit einer Schablone in modernem Entwurf aufgemalt. Dabei wurden verschiedene Farbtöne mit rasch trocknenden Ölfarben mit einem Pinsel aufgetragen.*

OBEN UND OBEN RECHTS *Dieses schöne Muster wurde mit Schablonen auf eine Leinentapete gemalt, die vorher mit weißer Dispersionsfarbe grundiert wurde. Zuerst wurden die gedämpften Farbtöne aufgetragen, dann die kräftigen Farben. Auf diese Weise wird aus einer langweiligen Wand ein reichhaltiges, aufregendes Bild, das an einen Wandteppich erinnert.*

RECHTS *Am Fuß einer Treppe wurde ein Fenster mit Autolack gestaltet. Die drei Motive wurden mit Hilfe von Fotokopien vergrößert. Verschiedene Größen wurden gegen das Fenster gehalten, bis die Proportionen stimmten. Vier verschiedene Farbsprays wurden verwendet und gaben jedem Motiv ein weiches, wolkiges Aussehen. Obwohl die Farben recht haltbar sind, darf man das Bild nicht zu oft reinigen.*

Blockdruck

Der Ausdruck „Blockdruck“ geht auf den frühen Tapetendruck im Westen und auf die Kunst des Stoffdruckes in Asien und Afrika zurück. Die Farbe wurde auf einen geschnitzten Druckstempel aus Holz aufgetragen, mit dem das Muster dann gedruckt wurde.

Man kann solche Druckblöcke selbst herstellen, indem man z. B. in einen Kunstschwamm ein Muster schneidet. Dieses muss natürlich einfach sein. Man kann jedoch mehrere Farben übereinander aufdrucken und dadurch komplexere Muster schaffen. Nehmen Sie den Schwamm zum Drucken fest in die Hand. Wäscht man den Schwamm nach jedem Druckvorgang aus, hält er ziemlich lange. Auch Styropor, z. B. aus Verpackungen, kann als Druckstock verwendet werden. Ein Stempel aus Styropor ist allerdings nicht lange haltbar. Beide Materialien hinterlassen eine feine Textur auf der Wand.

Einfache Muster kann man aus einem Stück Karton schneiden und auf ein Holzstück kleben. Für Wände braucht man jedoch ein flexibleres Material.

Der Untergrund muss entweder ganz flach oder weich und nachgiebig sein. Bei Mustern auf einer größeren Fläche sollte man sich vorher ein Raster aufzeichnen.

Man kann verschiedene Farben zum Drucken ausprobieren, am besten ist jedoch pastose, gut pigmentierte Acrylfarbe.

Gerade die unregelmäßige Druckqualität macht den Reiz des Druckens aus. Erwarten Sie also keine perfekten Ergebnisse.

1 Mit einem Filzstift die Konturen grob auf einen Kunstschwamm zeichnen. Mit einem scharfen Messer die Teile wegschneiden, die nicht drucken sollen.

2 Mit einem Pinsel oder einer Rolle Farbe auf den Schwamm auftragen. Am besten eignen sich Farben auf Wasserbasis, außer Acrylfarbe, die zu schnell trocknet.

3 Den Schwamm fest auf die Wand aufdrücken. Bei einem flächendeckenden, regelmäßigen Muster muss man mit Kreide Orientierungsmarken anbringen. Wenn die Muster aus der Reihe laufen, sieht das nicht schön aus und ist später nicht mehr zu korrigieren.

1 Ein Stück dicker Karton wurde zugeschnitten und mit Bastelleim auf einen Holzblock geklebt. Wenn man will, kann man auf der anderen Seite noch einen Griff anbringen.

2 Die Farbe wird mit Pinsel oder Rolle aufgetragen. Dann den Stempel fest auf die Wand drücken. Unklare Muster können später mit dem Pinsel nachgebessert werden.

OBEN *Diesem Muster liegt ein afrikanisches Motiv zugrunde. Es wurde aus Polystyrol geschnitten und auf einen Holzblock geklebt. Kleine Ungenauigkeiten verlieren sich im Gesamtbild.*

OBEN *Ein flexibler Schwamm passt sich den Unebenheiten der Wand an, während ein harter Blockstempel am besten auf einer ganz ebenen Wand funktioniert.*

Drucken mit Früchten und Gemüsestücken

KARTOFFELDRUCK IST FAST jedem aus der Schule bekannt. Für diese einfache Drucktechnik können die meisten Früchte und Gemüsearten genommen werden. Man kann sie vertikal oder horizontal zerschneiden oder Muster in sie hineinschnitzen. Am besten eignen sich dazu recht ungewöhnliche Gemüse wie Kürbis, Artischocke, Mais und Steckrübe. Auch große Speisekartoffeln sind gut geeignet.

Früchte mit harter Schale und festem Fleisch wie Äpfel, Birnen, Orangen, Zitronen oder Granatäpfel gehen am besten. Wenn man die Frucht nicht gut in der Hand halten kann, sollte man eine Gabel als Griff hineinstecken.

Als Farben nimmt man, was einem gerade zur Verfügung steht. Im Allgemeinen eignen sich Wasserfarben besser, da Ölfarben von dem Wasser in den Früchten abgestoßen werden. Die Farbe wird einfach auf die Frucht gepinselt. Da es eine Zeit dauert, bis die Frucht die Farbe aufnimmt, wird die Druckqualität nach und nach immer besser. Bei ganz saftigen Früchten dauert es eine Weile, bis die Farbe die Schnittfläche gesättigt und versiegelt hat. Probieren Sie daher so lange auf Zeitungspapier, bis der Druck akzeptabel ist.

Natürlich halten solche Stempel nicht lange. Man muss daher den Entwurf innerhalb eines Tages vollenden oder sich für den nächsten Tag einen neuen Stempel schnitzen.

OBEN *Das Muster lässt sich mit einem scharfen Messer in die halbierte Kartoffel hineinschneiden. Eine einfache Form wie dieser Winkel ist leicht zu schneiden und erzeugt ein gutes Druckmuster. Vielleicht ergibt aber schon die Schnittfläche der Kartoffel einen interessanten Abdruck.*

RECHTS *Auf diese Tür wurde ein einfacher Blätterkranz mit einer Kartoffel aufgedruckt. Die kleinen blauen Beeren wurden aufgemalt.*

OBEN *Auf einer frottierten Wand (s. S. 52-53) wurde ein Fries mit Winkelformen im Kartoffeldruck geschaffen. Die Kreise entstanden mit einer halbierten Möhre. Gemüsestücke geben Farbe nur unregelmäßig ab und schaffen so einen natürlich texturierten Effekt.*

OBEN *Mit Kartoffeldrucken kann man einen Sockel abgrenzen oder einen Fries gestalten. Der Stamm und das Seil wurden mit der Kante eines Stücks Wellpappe gemacht (s. S. 124).*

Drucken mit Gegenständen

Tapeten wurden früher mit Hand bedruckt. Mit etwas Fantasie kann man sich seine Tapete selbst drucken. Man nimmt einfach einen Gegenstand, taucht ihn in Farbe und drückt ihn gegen die Wand. Zum Drucken empfehlen sich Bauklötzchen, verschiedene Flaschenverschlüsse, Nagelköpfe, Muttern, Bolzen, Formen aus Wellpappe, Schnüre und Seile. Eine andere Möglichkeit ist, Muster mit Abdeckband oder Abdeckflüssigkeit auf der Wand zu gestalten. Nach dem Streichen entfernt man diese und erhält ein Muster in der Grundfarbe der Wand.

Die Qualität des Drucks hängt von der Oberfläche, der Art des Stempels und der Dichte der Farbe ab. Ein saugender Untergrund nimmt Farbe ganz anders auf als ein nicht saugender, glatter. Das sollte man auf einem später nicht sichtbaren Teil der Wand ausprobieren, bevor man alles bedruckt. Es sollte einen nicht stören, wenn der Stempel nur teilweise druckt. Dadurch entstehen ganz einzigartige Motive. Man kann sie später immer noch nachbessern oder überdrucken.

Oft fallen die Drucke anders aus als erwartet. Man muss sie sich von Zeit zu Zeit aus einiger Entfernung ansehen, um den Gesamteindruck abschätzen zu können.

Man kann jede Farbe verwenden, am besten aber wasserlösliche Farben, die wasserfest auftrocknen, wie Acrylfarben. Man kann dann Fehlerhaftes einfach auswischen und die Pinsel in Wasser auswaschen.

Wie streng oder locker ein Muster ist, hängt von der Atmosphäre des Zimmers und der eigenen Geduld ab. Ein durchstrukturierter Entwurf bedarf sorgfältiger Planung und der Verwendung von Senkblei und T-Schiene, damit keine krummen Linien entstehen.

Wenn Sie mit Elan und Spaß an diese Technik herangehen, kommt etwas ganz Ungewöhnliches, Kreatives und Apartes dabei heraus. Bevor man anfängt, plant man Farben und Arbeitsschritte. Die Vorbereitungen darf man nicht auf die leichte Schulter nehmen, nur weil die Ausführung recht einfach ist. Hat man sich vorher alles gründlich überlegt, geht die Arbeit umso leichter von der Hand. Man sollte jedoch auch dann immer flexibel bleiben.

LINKS *Eine farbgewaschene Wand (s. S. 62-63) wurde mit Drucken von Plastikbechern und Weinkorken dekoriert. Man kann auch noch handgemalte Motive hinzufügen.*

1 Der Hintergrund wurde mit einem Lappen farbgewaschen (s. S. 62-63). Nach dem Trocknen wurden mit einem Plastikbecher Kreise aufgedruckt. Gerade die Unregelmäßigkeiten machen den Druck so reizvoll.

2 Mit einem Weinkorken werden grüne Punkte aufgedruckt. Es lässt sich nicht mit allen Materialien gleich gut drucken.

Druck eines Baumes

Dieses Wandbild wurde fast vollständig mit Druckstempeln aus Steckrüben und Birnen gemacht. Die Rundungen der Blätter wurden mit der Hand grob in Dunkelgrün vorgezeichnet. Der Baumstamm und der Topf wurden frottiert (s. S. 52-53).

Nach dem Trocknen der Farbe wurden die Blätter mit verschiedenen Formen aus Steckrüben gedruckt. Mehrere pastose Grüntöne wurden angemischt und direkt auf die Druckformen aufgetragen und in lockerer Form gedruckt. Die Birnen wurden mit echten Birnen in mehreren Farben aufgedruckt. Die Stiele wurden später mit einem Pinselstiel hinzugefügt.

Man hätte dazu auch andere Früchte und Gemüsesorten nehmen können. Auf jeden Fall braucht man unreife Früchte, reife Früchte sind zu saftig und verschmieren auf der Wand.

LINKS *In einem Kinderzimmer wurde die Wand mit einem Birnbaum geschmückt. Man kann auch andere Baumarten mit verschiedenen Gemüse- und Fruchtsorten drucken.*

UNTEN *Mit einer Mischung aus Grün-, Ocker-, Rottönen und Weiß wurden die Blätter und Birnen des Baumes gedruckt. Weil Obst und Gemüse saftig sind, drucken sie ungleichmäßig.*

Streifen

STREIFENMUSTER DIENTEN SCHON immer als Wandschmuck. Entsprechend ihren Farben, Proportionen und Stilvarianten können sie alle möglichen Stimmungen ausdrücken, angefangen von ruhiger Besinnlichkeit bis zu jazziger Ausgelassenheit. Man kann Streifen mit geraden Rändern durch Abkleben erzielen oder mit der Rolle freihändig malen. Freihändig gezogene Streifen sind noch ausdrucksvoller. Sie werden schön unregelmäßig, wenn man sie mit einem Fitscher an einer Wand entlang einer Lotschnur zieht. Man kann Streifen aber auch mit der Zug- oder Kammtechnik auf eine Lasur aufbringen (s. S.64-66 und 68-69).

1 Streifen mit Klebeband auf vollständig trockenem Grund abkleben. Mit dem Lot ausrichten.

2 Bei einigen Streifen Dunkelblau über die Ränder „federn". Damit die Farbe nicht an der Wand herunterläuft, muss sie ziemlich pastos sein.

3 Dazwischen weitere Streifen ziehen, die das Abdeckband überlappen. Nach dem Abziehen erhält man Streifen mit geraden Rändern.

LINKS *Dieses Esszimmer wurde mit lebhaften, frei gemalten Streifen in drei Gelbtönen dekoriert.*

OBEN *„Gefiederte" Streifen wirken locker, während glatte Streifen in traditionellen Farben eher klassisch wirken.*

Linien

LINIEN RUNDEN DIE Dekoration vieler Möbelstücke und anderer Gegenstände ab. Farbige Linien umranden Flächen, etwa eine Tischplatte, um ihre Grundform zu betonen. Es gibt mehrere klassische Linienmuster, von denen es wiederum zahlreiche Spielarten und Abwandlungen gibt. Die einfachste Form ist eine einzelne Linie, die die Form der dekorierten Fläche durchgehend im gleichen Abstand nachzieht. Man kann auch mit einem nicht ganz vollen Pinsel den Rand entlangfahren.

Das Ziehen der Linien erfolgt meist vor dem Lackieren, sobald die Öllasur trocken ist. Voraussetzung ist eine sehr glatte Oberfläche, weil der Farbfluss nicht unterbrochen werden darf. Ist die Fläche nicht glatt genug, lackiert man sie und schmirgelt sie mit feinem oder feinstem Sandpapier ab. Man kann auch die gesamte Arbeitsfläche leicht schmirgeln, um alle Unebenheiten des Anstrichs zu beseitigen.

Schriftenpinsel (s. S. 29) eignen sich hervorragend zum Linieren. Für den Ungeübten bietet ein Schlepper, der längere Haare als ein Rotmarderpinsel hat, eine gute Alternative.

Man muss beim Linieren unbedingt die Hand und sich selbst in eine bequeme Position bringen. Während des Ziehens darf man die Bewegung nicht unterbrechen.

Freihändig linieren erfordert eine große Körperkontrolle. Damit die Hand ruhig bleibt, hält man mit dem kleinen Finger die Hand auf gleichem Abstand vom Rand und in gleicher Höhe. Der Pinsel folgt dem Auge, nicht umgekehrt. Man blickt nicht auf den Pinsel, sondern immer etwas davor und zieht mit den Augen die Linien vor, die der Pinsel nachziehen soll. Wer auf den Pinsel sieht, wackelt ganz bestimmt.

Man muss aufpassen, dass man die gezogenen Linien nicht verschmiert. Wischen Sie falsch laufende Linien mit einem Lappen weg. Warten Sie aber, bis die Farbe etwas trockener ist, dann lässt sie sich sauber abwischen.

OBEN *Die Linien dieses klassisch in Grün gezogenen Hängeregals betonen seine elegante Form (s. S. 64-66). Die Linien wurden in einem dunklen Grün gezogen und machen in den Ecken kleine Bögen, um die Fläche des Rechtecks und die Zierknöpfe an den Ecken zu betonen.*

1 Der Schriftpinsel sollte so viel Farbe aufnehmen, dass man eine Linie in einem Zug ziehen kann. Man führt den Pinsel sicher, indem man den kleinen Finger steif an der Stuhlkante entlangführt. Bei stärkerem Druck wird die Linie dicker. Man zieht sie möglichst gleichmäßig bis zum Rand durch.

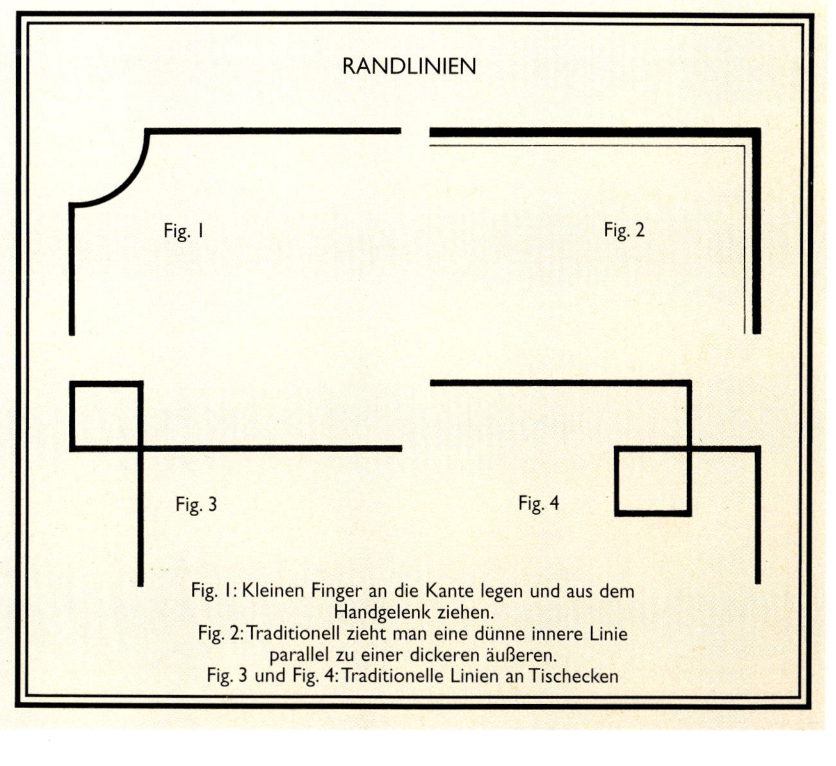

Trompe l'oeil

TROMPE L'OEIL BEDEUTET, das Auge täuschen, was auch Sinn und Zweck eines Trompe l'oeil-Gemäldes ist. Auf den ersten Blick muss es den Betrachter verwundern, überraschen und so betören, dass er glaubt, er habe nicht eine gemalte, zweidimensionale Fläche, sondern einen dreidimensionalen Gegenstand vor sich. Diese Täuschung vergeht dann bald, da ein zweiter Blick ausreicht, um festzustellen, dass es sich tatsächlich um ein Bild handelt. Damit diese Täuschung auch klappt, muss das Bild noch „echter" als ein Foto wirken.

Die Trompe l'oeil-Malerei entsprang dem Drang, realistisch zu malen, reale Gegenstände und Menschen so lebensecht wie möglich darzustellen. Die Wiederentdeckung der menschlichen Anatomie und der linearen Perspektive in der Renaissance gab den Künstlern die Möglichkeit, die Wirklichkeit in zunehmendem Maße realistisch zu erfassen. Dabei begannen die Künstler bald auch scherzhafte Anspielungen in die Bilder einzubauen, etwa lebensgroße Abbildungen von Fliegen oder gefaltete Papierstücke mit Namenszügen. Die lebensechte Darstellung dieser unscheinbaren Dinge in einem Gemälde schuf den Zauber der Illusion und eröffnete damit das Genre der Trompe l'oeil-Malerei.

Später wurden auch Holztexturen auf Trompe l'oeil-Gemälden dargestellt, sei es als Türen hinter offenen Türen oder als Tischplatten mit Stillleben. Im 18. Jahrhundert schmückte man Ofenschirme mit Trompe l'oeil-Bildern mit einer ungewöhnlichen Vogelperspektive.

Ein einfaches Trompe l'oeil ist mit ein wenig Geschick gut zu schaffen, wenn man auf Vorlagen zurückgreift und einige Grundregeln befolgt. Die erste wichtige Regel lautet: alle Gegenstände müssen auf der Wandfläche ihre originale, lebensechte Größe haben, wie z. B. ein Mantel am Kleiderhaken, ein an die Wand festgepinntes Ticket, ein Schmetterling auf einer gemalten Steinwand. Unsere visuelle Wahrnehmung ist hoch entwickelt, besonders im Hinblick auf wohl bekannte, vertraute Objekte. Sobald ein solcher Gegenstand auch nur leicht vergrößert oder verkleinert erscheint, kommt die Illusion nicht zustande.

Kein Objekt darf unvollständig oder abgeschnitten sein wie in einem konventionellen Gemälde, bei dem einzelne Bildelemente auch vom Format überschnitten sein können. Vorhänge oder architektonische Elemente, wie Säulen oder Bögen, sind gut geeignet, ein Wandbild zu rahmen, damit die Illusion nicht gestört wird.

Schließlich muss ein zentraler Blickpunkt gewählt werden, sodass von dieser Position aus alles überzeugend echt erscheint. Bildebenen im Hintergrund des Trompe l'oeil, wie z. B. eine Landschaft durch ein offenes Fenster gesehen, müssen gemäß den Regeln der Luftperspektive behandelt werden, also undeutlicher und blasser gemalt sein.

OBEN *Eine gemalte Violine in Chatsworth House, Derbyshire, wirkt auf die Passanten real. Die offene Tür gibt den Blickwinkel auf die humorvolle Szene frei.*

1 Legen Sie zwei sich überlappende Spielkarten auf die Tischplatte und zeichnen sie die Umrisslinien mit einem Buntstift nach. Am besten eignen sich dafür alte Karten mit Eselsohren und Knicken. Suchen Sie drei Töne einer Deko- oder Acrylkünstlerfarbe aus.

2 Zeichnen Sie die Karten mit einem Bleistift auf Transparentpapier, drehen Sie es um und schraffieren Sie die Zeichnung auf ein Skizzenpapier. Legen Sie dann das Pauspapier wieder richtig auf den Tisch und übertragen Sie die Umrisszeichnung auf den Tisch.

3 Die Kartenfläche mit weißer Acrylfarbe ausmalen.

4 Nach dem Trocknen das Pauspapier anlegen und die Binnenzeichnung übertragen.

5 Zuerst den dunkelsten Ton auftragen, das Schwarz der Pik, die Zahlen und die Schatten. Beziehen Sie sich dabei immer wieder auf die Vorlagen.

6 Fügen Sie nun den mittleren Ton nur mit Grau hinzu, um die Tondifferenzen zwischen Rot, Blau und Gelb und den Schatten zu betonen.

7 Setzen Sie Rot, Blau und Gelb des Buben ein. Malen Sie den hellsten Tonwert an den Rändern im starken Kontrast zu den dunkelsten Stellen.

8 Lavieren Sie ein mit Wasser verdünntes Braun leicht über die Karten. An den Rändern und den Knicken, wo sich beim echten Kartenspiel der Schmutz sammelt, mehr Farbe zugeben.

9 Wenn nötig, noch einmal die Schatten mit dem dunkelsten Tonwert verstärken. Die ganze Tischfläche anschließend mit seidenmattem Lack überziehen (s. S. 44-45).

Trompe l'oeil-Paneele

Seit Jahrhunderten kennt man den Trick, eine Fläche so zu bearbeiten, dass sie wie ein dreidimensionales Paneel erscheint. Man nennt diese Maltechnik der optischen Täuschung auch Trompe l'oeil.

Man kann Paneele auf Türen, Schränke, Wände und auf Sockelzonen malen. Das Paneel kann entweder vorstehen oder eingelassen wirken oder nur durch eine Einfassung bzw. einen Rahmen abgesetzt sein. Wählen Sie einen Stil aus, extravagant, einfach, komplex oder streng. Machen Sie Vorzeichnungen in voller Größe oder maßstabgetreu, um Fehler in den Maßen, dem Stil oder den Proportionen zu vermeiden. Versuchen Sie für den Anfang etwas Einfaches, Schlichtes.

Der Lichteinfall will ebenfalls überlegt sein. Meist fällt das Licht von oben oder von der Seite ein. Das sollte konstant eingehalten werden, auch wenn es mit der Deckenbeleuchtung oder dem Fensterlicht kollidiert.

Realistische Trompe l'oeil-Paneele werden in Marmor oder Holz ausgeführt (s. S. 74-89 und 104-111). Für den Anfang arbeitet man nur in einer Farbe. Diese monochrome Maltechnik nennt man Grisaille. Es sieht zwar sehr kompliziert aus, ist aber nur eine Frage des kühlen Kopfes und der Logik. Drei Töne einer Farbe werden für ein Paneel verwendet, ein mittlerer Ton für die Innenseite des Paneels, ein dunkler Ton für die Schatten von links und von oben und ein heller Ton für die Lichter am Fuß und rechts vom Paneel. Man kann natürlich mehr Töne nehmen, die Technik bleibt dieselbe.

Im Allgemeinen gilt, je kleiner das Zimmer, desto näher müssen die Tonwerte zusammenliegen. Wenn jedoch ein Paneel von weiter weg gesehen werden soll, müssen die Töne wieder stärker kontrastieren.

Auf einer Tür kann man die Grisaille flächig aufmalen oder in Zugtechnik schaffen.

ENTWURF FÜR PANEELE

Sockelpaneele sollten proportional zueinander passen, wobei das größte in die Mitte gehört. Die Größe kann durchaus variieren.

Es gibt zwei Aufteilungsmöglichkeiten eines Sockels: Kamin in der Mitte oder querliegender Pfeiler in verschiedenen Marmortechniken gestaltet.

Diese formstrenge Einteilung einer Wand oder Decke empfiehlt sich als Rahmen für ein Wandgemälde.

OBEN *Paneele müssen nicht unbedingt klassisch gestaltet werden. Doch überzeugen sie ästhetisch nur, wenn sie die richtigen Proportionen haben.*

LINKS *Im Flur von Powis Castle wurden im 16. Jahrhundert Holzpaneele imitiert. In wenigen Farbtönen wirkt das sehr ansprechend.*

1 Paneel mit weichem Bleistift vorzeichnen. Zwei Lasuren mischen und ein Paneel in dem dunkleren Ton streichen.

2 Mit einem Schlagpinsel das Paneel ziehen (s. S. 67). Die übrigen Paneele ebenfalls lasieren und ziehen.

3 Mit einem weichen Lappen die Paneelränder sauber wischen. Man braucht dabei nicht übergenau sein.

4 Nach dem Trocknen der Paneele den Rest der Tür in dem hellen Ton streichen und mit einem Schlagpinsel in folgender Reihenfolge ziehen: Mittelstück, Querteile, äußere Umrandung.

5 Je trockener die Lasur wird, umso mehr muss man die Borsten mit der freien Hand beschweren. So zieht auch der Pinsel gleichmäßig.

6 Über Nacht trocknen lassen. Einen Ton dunkler und einen heller als das Paneel aussuchen.

7 Eine Richtschiene an die untere Sockelkante anlegen. Die hellste Farbe mit dem Pinsel an der Schiene entlang einziehen.

8 Dann die helle Farbe an der rechten Seite einziehen. Die dunkelste Farbe sollte links ziemlich dick aufgetragen werden und dünn im oberen Schatten des Paneels. Für jedes Paneel die Prozedur wiederholen.

Mauerwerk

GEMALTES MAUERWERK IST seit Jahrhunderten ein beliebter Dekorationseffekt. Im Mittelalter malte man, um Mauern zu imitieren, einfach schwarze oder rote Linien auf ockerfarbene Wände. Dieser Effekt ist auch heute noch als Trompe l'oeil populär.

Um die Illusion zu verstärken, werden Lichter, Schatten und Risse im Mauerwerk mitgemalt. Die Farben reichen von kühlen, hellen, sandigen zu warmen, satten, gelben Töne. Die Farben sollten auf jedem einzelnen Mauerblock variieren, da eine zu gleichmäßige Farbgebung das Mauerwerk flach und unrealistisch aussehen lässt. Auch die Fugen zwischen den Blöcken sollten in der Breite und der Farbe unterschiedlich ausfallen. Die Fugen können dunkler oder heller als die Steinblöcke sein. Wenn das Mauerwerk aus einiger Entfernung gesehen werden soll, empfehlen sich auf jeden Fall dunkle Fugen.

Interessante Motive für eine Wand wären ein lebensgroßes Insekt, eine Biene oder Libelle, oder ein Schlüssel auf einem Haken, die freihändig aufgemalt werden können.

In unserem Beispiel wurden wasserlösliche Farben verwendet und mit dem Schwamm schnell und effektiv aufgetragen. Um einen feineren Effekt zu erzielen, kann man die Blöcke auch trikottupfen oder stupfen (s. S. 48-49 und 54-55).

Gemaltes Mauerwerk passt am besten zu Eingangshallen, Treppenschächten, Foyers und Fluren. Der Anstrich eignet sich aber eigentlich als unaufdringlicher Hintergrund für jedes Zimmer.

1 Mit Bleistift ein rechtwinkliges Raster ganz leicht auf der Wand vorzeichnen. Die Steine sollten wie Ziegelsteine geschichtet sein. Mit der Wasserwaage prüfen. Die Größe der Steine hängt von der Größe des Zimmers ab. Als allgemeine Regel gilt: alle Steine sollten doppelt so lang wie hoch sein.

2 Lasur und gewünschte Farbe in mittlerem Ton mischen. In diesem Fall wurde ein heller Ockerton verwendet. Die Lasur immer nur auf eine Steinfläche auftragen und in alle Richtungen verteilen. Mit einem Fitscher die Pinselstriche weich stupfen.

3 Mit einem angefeuchteten Schwamm die Lasur an manchen Stellen abtupfen und den Grundanstrich freilegen. Auch an den Seiten tupfen.

4 Mischen Sie drei dunkle Lasuren in einem ähnlichen Farbton aus. Hier wurden ein kühles Braun und ein Grau mit etwas Basislasur zu drei Tönen ausgemischt. Mit dem feuchten Schwamm ein Drittel der Fläche mit diesen Farben betupfen.

5 Abschließend kann man noch mit einem Fitscher etwas auflockern. Pinselspuren sind deutlicher als der Schwamm zu sehen.

6 Schritt 1-5 auf anderen Steinen wiederholen. Wenn alle Steine vollkommen trocken sind, kann man die Fugen einmalen. Die Steine sollten wie in Wirklichkeit in Farbe, Tonwert und Textur deutlich variieren.

7 Wenn man das Raster mit Abklebeband zieht, wird das Mauerwerk natürlich strenger ausfallen. Das Band abziehen, bevor die Farbe ganz getrocknet ist (Rissgefahr!).

8 Die Fugen mit Deko- oder Acrylfarbe ausmalen. Im Tonwert leicht abwechseln. Um gerade Linien zu erhalten, kann man den Pinsel an einer Holzleiste entlangziehen. An den Kanten zusammenlaufender Steine die Linien etwas krümmen oder mehr Farbe zugeben.

UNTEN *Ein realistisch wirkendes Mauerwerk ist für jedes Zimmer eine raffinierte Lösung. Meist wird dieser Anstrich in Eingangshallen, Treppenfluren oder an Wänden von Garderoben ausgeführt. Die weichen Farben geben dem Zimmer eine warme, heimelige Atmosphäre.*

Himmel

Eine als Himmel gestaltete Decke oder Wand gibt einem Zimmer eine wundervolle Weite. Man kann einen Himmel auch als Hintergrund für ein Trompe l'oeil-Gemälde nehmen oder mit einem imitierten Mauerwerk kombinieren (s. S. 132-134).

Es gibt natürlich verschiedene Arten von Himmel, je nach Wetter und Tageszeit. Das Sonnenlicht an einem Sommermittag fällt von oben auf die Wolken, am späten Nachmittag kommt es von der Seite. Bei Aufkommen eines Sturms sind ein Teil der Wolken von unten verdunkelt.

Zuerst wird die Wand mit einer weißen, nicht saugenden Farbe getüncht. Am besten nimmt man dazu eine Farbrolle. Für diese Technik wurden ölhaltige Farben verwendet, da die langsamere Trockenzeit längeres Bearbeiten ermöglicht. Mit dem Stupfpinsel verleiht man den Farben Tiefe und Abschattierung.

Im Folgenden wird eine Maltechnik vorgestellt, die man dem eigenen Belieben anpassen kann. Man kann die Größe, Form und Zahl der Wolken verändern und das Blau je nach Raumlicht heller oder dunkler gestalten.

Diese Himmelsszene wurde auf eine Wand gemalt und benötigt daher eine bogenförmige Komposition. An der Decke muss man ein Oval oder einen Kreis malen, um das richtige Raumgefühl zu erhalten.

1 Mischen Sie sieben Blautöne an. Tragen Sie auf einen weißen Grundanstrich das hellste Blau zunächst horizontal auf. Dann nach allen Seiten vertreiben. Die dunkelste Farblasur wird oben in einem Bogen aufgemalt.

2 Fünf weitere Blautöne werden bogenförmig vom dunkelsten bis zum hellsten unten aufgetragen. Von Zeit zu Zeit das Ganze aus der Distanz betrachten und, wo nötig, Lasur zufügen.

3 Mit einem großen Stupfpinsel die ganze Fläche weich stupfen. Rasch arbeiten, bevor die Lasur trocknet!

4 Wolken schafft man, indem man mit einem kleinen Stück eines Baumwolllappens die Lasur in einer kreisenden Bewegung wegwischt. Danach noch einmal mit einem Lappen leicht verreiben.

5 Die Wolke mit einem Stupfpinsel vermalen. Mehrere Wolken auf diese Weise schaffen. Das Ganze noch einmal mit Abstand prüfen. Einige dünne Wolkenstreifen mit dem Lappen am unteren Bildrand einwischen und stupfen.

6 Mit der dunkelsten Farbe wird die ganze Fläche von oben nach unten übergangen. Danach wieder stupfen.

7 Mit dem Lappen in einige Wolken links im Bild Lichter wischen.

LINKS *Die bauschigen weißen Wolken auf diesem kalten, kobaltblauen Himmel erinnern an einen Sommertag. Die oberen Wolken sind unterschiedlich groß und ziemlich kompakt gemalt. Die unteren dagegen sind lang und dünn gestreckt.*

UNTEN *Die außergewöhnliche Form der Decke inspirierte zu diesem Deckenhimmel. Tiefenwirkung wurde durch den Hell-Dunkel-Kontrast zwischen den Wolken an der Seite und denen in der Mitte geschaffen.*

KAPITEL VI

VERGOLDEN UND ANTIQUIEREN

Diese Techniken können eigenständig oder nur zur Verschönerung eingesetzt werden, um einer Dekoration zeitgemäßen oder traditionellen Glanz zu verleihen oder die Patina vergangener Zeiten heraufzubeschwören.

Vergolden

Professionelle Vergolder verwenden echtes Blattgold und eine ganz spezielle Technik. Für Anfänger gibt es eine einfachere Methode, bei der imitiertes Transfergold oder andere Transferblattmetalle wie Kupfer, Silber, Aluminium auf einem wasser- oder ölhaltigen Vergolderleim aufgebracht werden. Blattmetalle werden in losen Blättern oder in „Büchern" zu 100 Blatt verkauft. Transferblattmetalle sind zwar teurer, aber durch die Beschichtung mit gewachstem Papier leichter zu handhaben.

Der wasserverdünnbare Anlegeleim, auch Netze genannt, (z. B. Schnellanlegemixtion) ist im nassen Zustand weiß. Er wird auf die zu vergoldende Fläche aufgetragen und trocknet nach 15 Minuten zu einer transparenten, leicht klebrigen Schicht. Die Fläche kann nun vergoldet werden. Netze auf Wasserbasis bleibt immer etwas klebrig und kann daher zu jeder Zeit vergoldet werden. Ölnetze bleibt nur für kurze Zeit klebrig. Die Trockenzeiten hängen vom Produkt ab (bis zu 3 Stunden bei Mixtion „Lefranc"). Nach einiger Zeit werden solche Anlegegründe aber unbrauchbar. Ölnetze nimmt man, wenn man nicht die ganze angelegte Fläche vergolden möchte.

Beim Auftragen der Netze wird der Untergrund leicht dunkel. So lässt sich gut sehen, wo vergoldet werden soll. Auf nicht saugenden Gründen wird das jedoch nicht so deutlich. In diesen Fällen färbt man die Netze oder streicht bereits eingefärbte Netze auf.

LINKS *Dieser Stuhl wurde mit Transfermetall vergoldet, wobei einige Teile ungeschmückt blieben. Die Vergoldung ergänzt die schablonierte Wand im Hintergrund, bei der einige Blätter vergoldet wurden.*

1 Tragen Sie mit dem Pinsel Netze auf die Fläche auf. Wasserverdünnbare Netze bleibt lange offen, sodass auch Anfänger damit gut zurechtkommen.

2 Halten Sie das Transfermetall mit dem überstehenden Wachspapier und legen Sie es so an, dass die Ränder bereits angelegter Blätter überlappt werden.

3 Streichen Sie das gewachste Papier besonders an den Rändern mit den Fingern glatt. Sobald das Blattgold am Leim haftet, löst sich das Wachspapier.

4 Mit einem weichen Pinsel überschüssiges Blattgold von den Rändern sich überlappender Blätter wegwischen. Lücken mit kleinen Blattstücken füllen. Alle nicht vergoldeten, aber geleimten Flächen sollte man lackieren und wachsen (s. S. 44-45) oder leicht mit Talkumpulver bestreuen.

LINKS UND OBEN *Transfergold lässt sich mit der Schere zurechtschneiden. Kleine Streifen wurden auf Teile der gedrehten Armlehne gelegt Das leuchtende Metall ergibt einen schönen Kontrast zu dem gedämpften Hellbraun des Stuhlbeins.*

1 Zunächst alle Stellen abkleben, die nicht vergoldet werden sollen.

2 Eine dünne Schicht Ölnetze in der abgeklebten Linie anlegen. Durch das Abkleben ist die Umgebung geschützt. So kann man die Netze ruhig großzügig auftragen.

3 Mit der Schere einen dünnen Streifen Transfergold ausschneiden und auf die angenetzte Fläche legen. Mit einem Wattebausch das Wachspapier glätten.

4 Vorsichtig das Rückpapier ablösen. Wenn das Blattgold nicht richtig haftet, nochmals anlegen und mit den Fingerspitzen aufdrücken.

5 Wenn die ganze Fläche vergoldet ist, hebt man vorsichtig die Abdeckbänder ab und erhält eine ganz gerade goldene Linie.

Gesso

Eine Gessogrundierung schafft eine sehr weiche, saugfähige Oberfläche, die für dekorative Techniken, insbesondere für die Vergoldertechnik, gut geeignet ist. Die Gessotechnik wird nahezu unverändert seit der Zeit der alten Ägypter zur Vergoldung kunstgerechter Oberflächen, vor allem Möbel und Rahmen, verwendet.

Ein Gessogrund besteht aus feiner weißer Kreide (z. B. Champagnerkreide) und Tierleim, wie z. B. Hasenleim, der im Künstlerbedarf als Granulat oder in Platten verkauft wird.

Gessogrund kann gekämmt oder mit Stempeln reliefartig bearbeitet werden. Nach dem vollständigen Trocknen kann er sogar geschnitten werden. Seine weiche, poröse Oberfläche absorbiert Farbe oder Leim gut, ohne dass diese ganz aufgesogen werden.

Der Gessogrund ist für alle traditionellen Vergoldertechniken wichtig. Es ist die einzige Grundierung, die zum Anschiessen und Polieren von hauchdünnem Blattgold glatt und fein genug ist. Man legt bis zu fünf oder acht Gessoschichten übereinander, damit der Grund ganz glatt wird.

Ein Gessogrund ist leicht zuzubereiten, braucht aber etwas Zeit. Das Leimgranulat lässt man über Nacht in kaltem Wasser aufquellen, um es dann im Wasserbad zu einer geleeartigen Masse zu schmelzen. Nach dem Abkühlen erstarrt die Masse und wird dann wieder im Wasserbad verflüssigt. Dieser organische Leim lässt sich aber nur begrenzt aufbewahren. Im Kühlschrank wird er zu dick, mit Wasser verdünnt leimt er nicht mehr gut. Am besten macht man nach Bedarf immer einen neuen Leim.

Die Kreide wird langsam so lange in den heissen Leim gerührt, bis die Mischung die Konsistenz einer streichfertigen Farbe hat. Mit zunehmender Übung kann man die Konsistenz des Gesso verändern. Eine dickere Mischung hat den Vorteil, schneller zu trocknen, enthält aber auch mehr Luftblasen, die die glatte Oberfläche stören können. Gessogrund streicht man in mehreren Schichten mit dem Pinsel auf. Jede Schicht sollte vor dem Auftragen der nächsten leicht abgeschmirgelt werden.

Vor dem Vergolden wird meist noch eine Schicht Bolus aufgestrichen. Bolus ist ein weicher Ton, der mit Hasenleim gemischt wird. Meist ist er eisenoxidhaltig rot, es gibt aber auch weiße und gelbe Sorten. Für einen Vergoldergrund nimmt man meist den roten Bolus, da er sehr schön mit dem Gold harmoniert, wie man oft bei vergoldeten Rahmen sieht. Einen gelben Bolusgrund nimmt man eher an Decken und Gesimsen, wo man, da nicht so leicht sichtbar, mit Blattgold sparen kann. Weißen Bolus verwendet man für Möbelstücke, wo ein hellerer Effekt erwünscht ist.

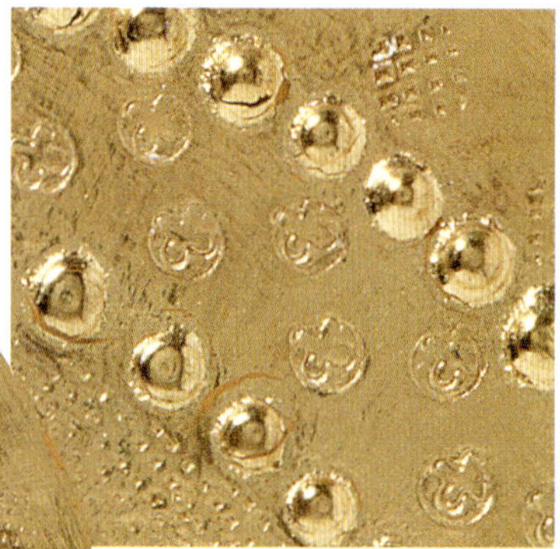

LINKS UND OBEN
Der Gesso auf dieser Nimbusform wurde mit zwei Zierformen unterschiedlicher Größe bedruckt und die herausragenden Stellen mit zusätzlichem Gesso betupft. Dann wurde er mit echtem Blattgold vergoldet und poliert.

1 Auf zehn Teile kaltes Wasser kommt ein Teil Hasenleimgranulat, das über Nacht eingeweicht wird.

2 Am nächsten Tag wieder zehn Teile Wasser hinzugeben. Den Topf mit dem Leim in einen zweiten größeren Topf mit Wasser stellen und unter Umrühren langsam erhitzen, bis sich das Granulat ganz gelöst hat. Dazu kann man auch einen Simmertopf verwenden.

3 Kleine Mengen Kreide dem Leim zugeben, bis die Kreide alle Flüssigkeit absorbiert hat. So lange umrühren, bis die Flüssigkeit wieder streichfähig ist.

4 Den Brei vom Herd nehmen und durch ein feinmaschiges Sieb oder einen Nylonstrumpf seihen. Man kann überschüssiges Gesso im Kühlschrank aufbewahren; wird dort meist zu dick.

5 Die Fläche abschmirgeln. Eine dünne Schicht Gesso auftragen. Nur in eine Richtung streichen, um eine glatte Oberfläche zu schaffen. Trocknen lassen und vor dem nächsten Auftrag schmirgeln.

6 Eine zweite dünne Schicht in der entgegengesetzten Richtung auftragen. Bis zu fünf Schichten auftragen und vor jedem Auftrag schmirgeln.

Traditionelles Vergolden

Vergolden erfordert sehr viel Übung und ist daher nicht für Anfänger zu empfehlen. Bei der Wasservergoldung wird hauchdünnes Blattgold auf einen wasserhaltigen Leim aus Hasenleimgranulat, Wasser und Methylalkohol aufgebracht. Das Blatt ist so dünn, dass es durch die geringste Verschiebung verzogen wird. Es wird auf einem Vergolderkissen, das einen Schutzwall aus Pergament hat, vorbereitet. Das Blatt wird zur Handhabung entweder leicht angefettet oder mit einem Spezialpinsel, dem Anschießer, aufgenommen. Die natürlich vorhandenen Fette in den Pinselhaaren genügen, um das Blatt haften zu lassen. Vergolder streichen mit dem Pinsel über ihre Wange und fetten ihn dadurch ein. Der Gessogrund (s. S. 140-141) wird vorgeleimt und das Blattgold aufgebracht (angeschossen), bevor der Leim trocknet. Dann wird es mit einem Polierstein auf Hochglanz poliert.

1 Etwas Hasenleim (s. S. 141, Schritt 1-2) mit Wasser und einem Tropfen Methylalkohol verdünnen. Blattgold ist äußerst empfindlich und darf nicht mit den Händen in Berührung kommen. Vorsichtig auf das Vergolderkissen legen. Der Pergamentwall hält den Luftzug vom Blattgold fern.

2 Mit der flachen Seite des Vergoldermessers das Blattgold auseinander ziehen, damit es flach aufliegt. Alle Werkzeuge in einer Hand halten, damit möglichst wenig Bewegung entsteht.

3 Mit dem Vergoldermesser das Gold zurechtschneiden. In der Nähe des zu vergoldenden Gegenstandes arbeiten, um das Blattgold möglichst wenig Bewegung auszusetzen.

4 Mit dem Anschießer das Blattgold vorsichtig aufnehmen. Bleibt es nicht haften, Anschießer leicht über die Wangen streichen und so leicht einfetten und den Versuch wiederholen.

5 Die zu vergoldende Fläche muss vollkommen staubfrei sein. Den Anschießer mit dem Blattgold in einer Hand halten und die zu vergoldende Stelle mit einer Mischung aus Wasser, Leim und einem winzigen Tropfen Methylalkohol bestreichen.

6 Solange die Oberfläche noch feucht ist, das Blattgold mit dem Anschießer in die richtige Position bringen. Sobald es liegt, kann es nicht mehr verschoben werden.

UNTEN *Der strahlende Glanz und die Perfektion vergoldeter Teile wirken manchmal etwas protzig. Dieser Rahmen wurde auf rotem Bolus vergoldet und dann mit einer Mischung aus Testbenzin, Bienenwachs und Pigment bestrichen. Abschließend wurde mit feiner Stahlwolle poliert.*

7 Sobald der Leim trocknet, bleibt das Blattgold haften. Man kann es noch mit einem Wattebausch festtupfen. Nicht streichen! Gründlich trocknen lassen.

8 Sobald das Blattgold trocken ist, wird es auf Hochglanz poliert. Dabei kann man recht kräftig vorgehen. Das Blattgold reißt nicht, solange sich kein Staubkörnchen unter der Oberfäche befindet. Der glatte Gessountergrund verhindert das Reißen.

Bronzepulver und Metallwachs

Bronzepulver werden entgegen ihrer Bezeichung aus verschiedenen Metallen, wie Kupfer und Zink, hergestellt. Diese sehr feinen Pulver sind in zwölf Farbtönen von Silber über verschiedene Goldtöne bis zu Kupfer erhältlich.

Bronzepulver glänzen nicht so wie Blattmetalle. Sie sind aber preiswerter und einfacher zu handhaben. Man kann Bronzepulver auf unterschiedliche Weise verwenden. Man kann z. B. Goldleim auf den Entwurf auftragen und das Bronzepulver vorsichtig einpinseln. Diese traditionelle Methode wurde im 18. und 19. Jahrhundert in Europa und Amerika für Lackmöbel verwendet. Dieser Stil wurde auf schwarzen Untergründen, gelegentlich auch auf dunkelroten oder grünen ausgeführt, um Stühle, kleine Tische, Tabletts und Kästchen in chinesischem Stil zu dekorieren.

Mit Bronzepulver werden auch klare oder neutrale Wachse eingefärbt, um einen bestimmten Farbton zu schaffen. Das farbige Metallwachs wird mit dem Finger auf Zierleisten und Rahmen aufgetragen. Kann auch in der Schablonenmalerei auf matte Farbe (s. S. 114-119) angewandt werden. Diese Metallwachse sind im Fachhandel erhältlich. Bronzepulver sind sehr fein und werden vom leisesten Windzug weggeblasen. Beim Arbeiten mit Bronzepulvern sollte man daher eine Staubmaske tragen. Bronzepulver werden mit der Zeit dunkler und sollten auf jeden Fall lackiert werden (s. S. 44-45).

1 Mit wasserlöslichem Goldleim einen Entwurf auf die Fläche malen. Man kann den Entwurf durchpausen oder mit Bleistift leicht vorzeichnen.

2 Wenn der Leim etwas getrocknet, aber noch klebrig ist, mit einem Borstenpinsel Bronzepulver aufnehmen und auf die Zeichnung auftragen. Nur in eine Richtung ziehen, um ein Verschmieren zu vermeiden.

3 Einige Stellen offen lassen und mit Bronzepulver in anderen Tönen ausfüllen.

4 Wenn der Entwurf ganz bemalt ist, mit einem weichen Borstenpinsel die losen Staubteilchen wegwischen. Man kann dieses überschüssige Pulver sammeln und wieder verwenden. Lackieren (s. S. 44-45), um das Nachdunkeln des Pulvers zu verhindern.

1 Geben Sie klarem oder neutralem Wachs ungefähr den gleichen Anteil Bronzepulver zu. Überschüssiges Wachs kann in einem luftdichten Behälter aufbewahrt werden.

2 Mit einem Palettmesser Wachs und Bronzepulver auf einem kleinen Teller gut zusammenmischen.

3 Mit der Fingerspitze das Wachs auf der zu dekorierenden Fläche verteilen. Nur in eine Richtung auftragen. Man kann das Wachs ganz dicht auftragen oder stellenweise mit einem Lappen wegwischen, sodass die untere Farbschicht durchscheint.

OBEN *Die gelbe Schlüsselblume wurde mit Bronzepulver auf Ölleim geschaffen. Durch die abwechselnde Dichte des Pulvers entstand ein lebendiger Effekt. Blattadern und Blüten wurden nachträglich eingemalt.*

UNTEN *Die Schnitzereien auf diesem blau gefärbten Holzrahmen wurden mit zwei Metalltönen, einem warmen rotgoldenen und einem hellen, goldgelben Ton dekoriert.*

Reißlack

Die Antiquiertechnik mit Reisslack verwendet zwei verschiedene Komponenten, um den Eindruck von Krakelee zu erzeugen, einem Netzwerk feiner Risse in einem Bild oder dessen Firnis wie z. B. bei einem alten Ölgemälde. Die Risse füllen sich mit der Zeit mit Staub und schaffen so feine Linien. Meist imitiert man dieses Krakelee auf Möbeln.

Die Risse bilden sich durch Überlagern von zwei Lacken. Da sie unterschiedlich trocknen, arbeiten sie gegeneinander, wodurch die Oberfläche reißt. Es gibt verschiedene Reißlacke im Handel. Einige enthalten ölhaltige Firnisse für die erste Schicht auf Öl, während die zweite auf Wasser basiert. Andere Reißlacke bestehen aus wasserlöslichen Mitteln (wie Gummiarabikum).

Reißlack sollte man nicht auf sehr saugende Untergründe auftragen. Der erste Lack wird sonst zu stark aufgesogen und kann mit dem zweiten nicht genügend reagieren. Wann der zweite Lack aufgetragen wird, will gut überlegt sein. Ist die erste Schicht bereits zu trocken, entstehen kaum Risse; ist sie noch zu nass, trägt die andere Schicht nicht fest genug auf. Mit einiger Übung lernt man den richtigen Zeitpunkt abzupassen und weiß, dass eine dicke Lackschicht größere Risse als eine dünne gibt.

Reißlack kann über jede Dekorationsfläche aufgetragen werden: auf einen unbemalten Hintergrund, auf Schablonenmalerei, Freihandmalerei, Vergoldungen oder Anstricheffekte. Um die Risse hervorzuheben, nimmt man einen hellen Untergrund und reibt etwas Ölfarbe in die Risse. Interessante Effekte erhält man, wenn man Reißlack auf einen dunkelroten, -blauen oder -grünen Hintergrund aufträgt. Die Risse werden dann mit heller Farbe, jedoch nicht ganz Weiß, oder Goldmetallwachs betont.

1 Eine dünne Schicht des ersten Reißlacks auf einen sauberen, glatten, nicht saugenden Untergrund auftragen. Je dicker die Schicht ist, desto größer werden die Risse und desto länger dauert das Trocknen. Der Lack muss fast ganz trocken werden.

2 Die Schicht darf nur noch auf festen Druck klebrig wirken. Zu diesem Zeitpunkt tragen Sie die zweite Lackschicht auf. Ist die erste Schicht noch zu feucht, wird die zweite abgestoßen.

3 Wärme beschleunigt den Trockenprozess. Zum Trocknen kann man auch einen Föhn einsetzen. Aber nicht überhitzen, sonst platzt die obere Schicht ab.

4 Wenn die Oberfläche vollkommen trocken ist, was je nach Wärmeeinwirkung bis zu sechs Stunden dauern kann, reibt man dunkle Ölfarbe mit einem Lappen in die Risse. Kreisförmig verreiben.

5 Die noch feuchte Ölfarbe mit dem Lappen wieder wegwischen, sodass die Farbe nur in den Rissen hängen bleibt. Zum Schutz lackieren (s. S. 44-45).

UNTEN *Eine Papierbordüre am oberen Ende der Wand wurde lackiert, um das Papier weniger saugend zu machen. Der Eindruck natürlicher Alterung wurde mit einer zweiten Lackschicht erzielt, die in unregelmäßigen Flecken aufgetragen und mit Ölfarbe behandelt wurde.*

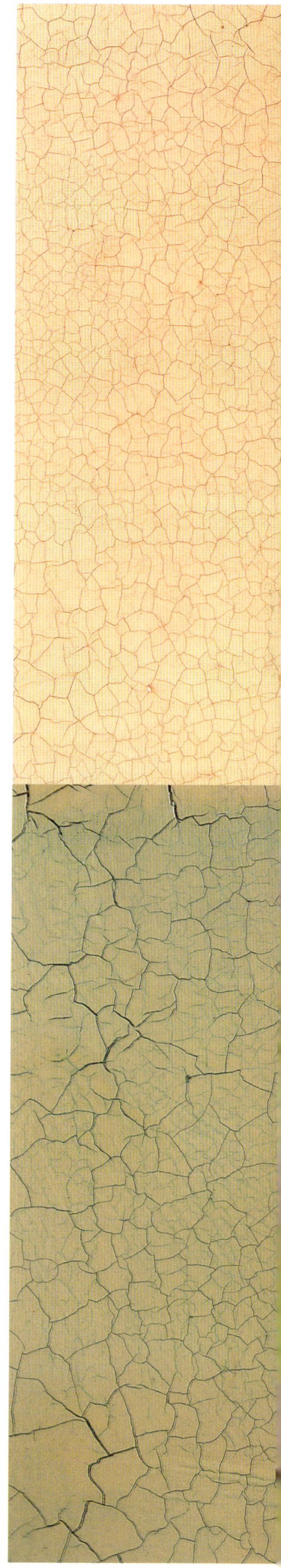

OBEN
Karminrot auf Hellgelb

UNTEN
Blaugrün auf Hellgelb

Reißlasur

Reisslasur oder Rissbildungsmittel imitiert das Aussehen von Farbanstrichen, die mit der Zeit gealtert und gerissen sind und durch deren Risse die untere Farbschicht hindurchscheint. Eine Schicht Rissbildungsmittel wird zwischen zwei verschiedenfarbigen Acrylfarbschichten aufgetragen, wodurch die obere Schicht reißt. Dafür sollte man Vinylfarben vorziehen, obwohl auch matte Dispersionsfarben gehen. Es gibt im Fachhandel zahlreiche Rissbildungsmittel, die auf dem gleichen Prinzip basieren, aber alle unterschiedlich reagieren.

Der Untergrund sollte für diese Technik nicht saugend sein. Um einen zu stark saugenden Grund zu isolieren, streicht man ein bis zwei Schichten Dispersionsfarbe oder Lack auf. Die letzte Farbschicht sollte man nicht zu dick auftragen, da sonst das Rissbildungsmittel ausflocken könnte. Ein bis zwei Strichlagen reichen aus. Die Richtung der Pinselstriche bestimmt im übrigen die Richtung der Rissbildung. Daher sollte man den Pinsel auf sehr unterschiedliche Weise einsetzen. Die Risse erscheinen nach ungefähr einer Minute. Die empfindliche Fläche dann gut trocknen lassen.

Dieser dekorative Effekt muss geschützt werden, da er sonst nach einigen Jahren abblättert. Mit Wachs oder Patinamittel (s. S. 152) oder mit Öllack (s. S. 44-45) schützen. Keinen wasserlöslichen Lack verwenden, da auch er reißen wird.

1 Dispersionsfarbe auf eine nicht zu saugende Fläche auftragen. Zwei- bis dreimal grundieren oder mit wasserlöslichem Lack (Firnis) isolieren.

2 Rissbildungsmittel gleichmäßig auftragen. Je dicker die Schicht, desto größer werden die Risse. Mindestens vier Stunden trocknen lassen.

3 Eine andersfarbige Dispersionsschicht anlegen. Nicht zu sehr vermalen. Die Richtung der Pinselstriche bestimmt auch die Richtung der Rissbildung. In diesem Fall wurden kleine Striche in alle Richtungen gemacht. Lackieren oder wachsen (s. S. 44-45).

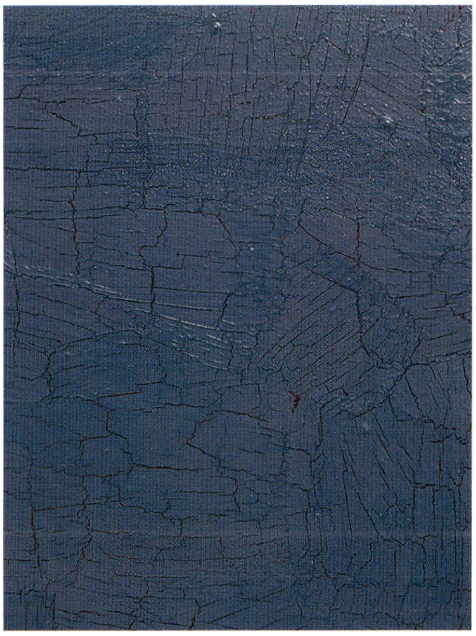

GEGENÜBER *Dieser Effekt wurde von alter, rissiger Keramik inspiriert. Eine Salatschüssel aus Holz erhielt zwischen einer Schicht in Terrakotta und einer oberen cremefarbigen Schicht einen Zwischenfirnis in Rissbildungsmittel. Die Risse wurden mit dunklem Wachs betont.*

RECHTS *Die Reißlasur auf dieser Terrakotta wurde zwischen einer dunkelblauen Grundfarbe und einer ockergelben Oberschicht angelegt. Der Effekt wurde dann mit einer Schicht Klarwachs geschützt.*

OBEN
Graublau auf Lichtem Ocker

MITTE
Lichter Ocker auf Dunkelgelb

UNTEN
Rosa auf Schwarz

Lack färben und antiquieren

Mit einem gefärbten Dispersionslack kann man die Dekorationsarbeit zugleich schützen wie auch antiquieren. Lack auf Wasserbasis lässt sich mit Stahlwolle zerkratzen, um einen abgenutzten Eindruck zu imitieren.

Um einen Lack zu färben, streut man einfach Pigmente auf eine noch feuchte Lackschicht. Dazu nimmt man am besten eine Farbe, welche die Grundfarbe komplementär bricht. Gehen Sie vorsichtig mit dem Pigment um, da die Intensität der reinen Farbpigmente von sehr schwach bis extrem stark variieren kann. Versuchen Sie doch auch den Effekt mit zwei bis drei Pigmenten im gleichen Tonwert zu variieren. Um dem Lack einen abgenutzten Anschein zu verleihen, kann man ihn mit Stahlwolle abscheuern und die Kratzer mit dunkler Farbe betonen. Der Lack muss vollkommen trocken sein, sonst löst er sich ganz ab, und er muss auf Wasserbasis sein, am besten ein Dispersionslack aus dem Fachhandel. Man wischt die überschüssige Farbe mit dem Lappen ab, sodass nur in den Kratzern und an einigen Stellen etwas Farbe zu sehen ist. Abschließend noch einmal lackieren (s. S.44-45).

1 Etwas Pigment auf eine noch feuchte Lackschicht sprenkeln. Vorher zwischen den Fingern fein zerreiben.

2 Das Pigmentpulver im Lack vertreiben. Zu große Flecken vermalen, aber den Effekt nicht zu gleichmäßig machen.

1 Dispersionslack auf den dekorierten Gegenstand auftragen und trocknen lassen. Mit sehr grober Stahlwolle die Oberfläche in allen Richtungen wie in kurzen und langen Strichen zerkratzen. Kreisförmige Kratzbewegungen sehen unnatürlich aus.

2 Mit einem festen Borstenpinsel Acrylfarbe in die Kratzer einarbeiten. Viele Farben sind dafür geeignet, dunkle Farben täuschen Alter vor.

3 Solange die Farbe noch feucht ist, mit einem feuchten Schwamm abwischen, sodass die Farbe nur in den Kratzern verbleibt. Nach dem Trocknen lackieren (s. S. 44-45).

GEGENÜBER *Der mit Schablone bemalte Stuhl (s. S. 114-119) wurde mehrmals lackiert, bevor er mit Stahlwolle abgerieben wurde. Mit Terrakotta, Grün und ein wenig Blau wurden die Kratzspuren betont.*

Patinieren mit Wachs

Mit speziellem Patinawachs lassen sich Möbel und andere Gegenstände leicht antiquieren. Dieses Wachs gibt einem Dispersionsfarbenanstrich ein weicheres Aussehen und macht es einfacher, die Farbe mit Stahlwolle abzukratzen. Das Wachs enthält Testbenzin, das in die Oberfläche eindringt. Patinierungsmittel sind auch auf Wasserbasis erhältlich.

Wachs muss auf einem saugenden Grund aufgetragen werden. Die Untergrundfarbe sollte auf Dispersionsbasis sein, wie z. B. matte Vinyl- oder Acrylfarben aus dem Fachhandel. Glänzende Oberflächen, wie Lackfarben, sind nicht geeignet, da sie das Eindringen des Wachses verhindern. Beim Abkratzen eines bemalten und gewachsten Gegenstandes aus Holz wird das Holz freigelegt. Wenn es neu ist, sieht das künstlich antiquierte Holz zu grell aus. So verwendet man besser altes Holz. Bei neuem Holz behilft man sich mit mehreren Farbschichten, die an manchen Stellen mit Stahlwolle bis auf das Holz heruntergekratzt werden und an anderen noch Farbe zeigen. Je nach Verwendung von feiner oder grober Stahlwolle und dem ausgeübten Druck kann man mehr oder weniger Farbe freilegen.

Typische Grundfarben für diese Technik sind die Schattierungen von Terrakotta, Grau und Cremeweiß.

Um das vorgetäuschte Altern möglichst natürlich zu gestalten, sollte man an Stellen wachsen, die natürliche Abnutzungserscheinungen zeigen, wie rund um einen Türgriff und an den Ecken eines Tisches.

LINKS *Der Schrank wurde zuerst in dunklem Terrakotta, dann in Dunkelgrün angemalt. Mit einer Schablone wurden seitlich graue Rauten aufgebracht (s. S. 114-119). Patinawachs wurde aufgetragen und abgekratzt, um die Terrakottafarbe und an einigen Stellen auch das Holz freizulegen. Besondere Aufmerksamkeit erhielten die Stellen, die natürlichen Abnutzungserscheinungen unterworfen sind, wie der Griff, das Schlüsselloch und einige Kanten.*

1 Mit feiner Stahlwolle eine klare oder dunkle Wachsschicht auf eine trockene matte Dispersionsfarbe auftragen. Das Wachs sachte in die Farbe einreiben.

2 Solange das Wachs feucht ist, mit grober Stahlwolle in eine Richtung reiben, um die Schicht unter der Farbe freizulegen.

3 Mit feiner Stahlwolle erhält man einen weicheren Effekt, da diese Wolle weniger Farbe entfernt.

4 Mit feiner Stahlwolle eine neue Wachsschicht auftragen. Mit dieser Schicht schützt man die Stellen, die von der Antiquiertechnik freigelegt wurden.

5 20 Minuten trocknen lassen. Mit einem weichen Baumwolllappen der Oberfläche weichen Glanz geben.

OBEN
Waldgrün auf Ultramarinblau

MITTE
Cremeweiß auf Lichtem Ocker

UNTEN
Hellgrau auf Bordeauxrot

KAPITEL VII

ALLES ÜBRIGE

Türen, Fenster, Kamin und Möbel ergänzen und unterstreichen die Dekoration der Wände. Lassen Sie sich von den folgenden Beispielen zu interessanten eigenen Gestaltungen im Innenbereich inspirieren.

Paneele und Kücheneinrichtungen

Paneele können auf verschiedene Weise behandelt werden. Das Innere eines Paneels kann für viele Grundanstriche, wie die Zug-, Schwamm- oder Kammtechnik (s. S. 50-51, 58-61 und 68-69), genutzt werden, während die Umrandung schlicht bleiben sollte oder gezogen, gewischt oder geschlagen wird (s. S. 64-67). Vorstehende, ornamentierte Umrandungen werden am besten gewischt. Man kann Paneele wie einen Bilderrahmen auffassen, den ein freihändig oder mit Schablone gemaltes Motiv (s. S. 114-119) umgibt. Imitierte Paneele kann man auch in der Trompe l'oeil-Technik (s. S. 130-131) auf eine ebene Schrankfläche aufmalen.

Wenn solche Schrankpaneele im Zentrum der Aufmerksamkeit stehen sollen, müssen die Farben und Anstriche der Wände einfach gehalten werden, damit sie sich nicht gegenseitig „erschlagen", sondern farblich ergänzen.

Kücheneinrichtungen bieten mancherlei Gestaltungsmöglichkeiten. Holz kann man leicht bemalen. Wenn es schon bemalt oder lackiert ist, muss man es vor der Dekoration abschmirgeln, abbeizen oder mit Dispersionsfarbe übermalen. Auch Melaminbeschichtungen können vor dem Dekorieren mit Dispersionsfarbe grundiert werden. Küchendekorationen müssen auf jeden Fall immer lackiert werden (s. S. 44-45), da sie stark beansprucht werden. Weiße Oberflächen von Kühlschränken und Geschirrspülmaschinen können direkt mit Schablone bemalt werden. Ohne Lackierung nutzen sich solche Dekorationen nach ungefähr drei Jahren ab.

OBEN *Die weiße Küche wurde in lichtem Ocker gestupft, die Paneele in Lappenroll- und die Umrandung in Wischtechnik gestaltet.*

LINKS *Ein freihändig gemaltes Acrylbild kann eine konventionelle, beschichtete Kücheneinheit beleben.*

GEGENÜBER *Autospray haftet gut an glänzenden Flächen. Hier wurde durch Schablonen gesprüht.*

UNTEN *Ein Holzschrank wurde freihändig bemalt und mit Reißlack und Ölfarben künstlich antiquiert.*

Türen und Architrave

Türen ergänzen die dekorierten Wände. Meist werden sie nach dem Wandanstrich und vor der Behandlung der Holzelemente gestrichen. Vor dem Anstrich legt man zunächst fest, welche Teile der Tür dekoriert werden sollen. Türklinken und Knöpfe entfernt man vorher, um den Fluss der Arbeit nicht zu unterbrechen.

Meist streicht man eine Tür in Zugtechnik (s. S. 64-66), und zwar in einer bestimmten, unten gezeigten Reihenfolge. Das kann in jeder Farbe erfolgen, doch meist nimmt man eine klassische Zusammenstellung von hellen, graubraunen Tönen auf Cremeweiß, eine neutrale Farbkombination, die zu den meisten Wandfarben passt.

Masertechniken (s. S. 104-111) wie Mahagoni, Vogelaugenahorn, Eiche oder Walnuss eignen sich wegen ihres kostbaren Aussehens hervorragend für Türen. Marmorierte Türen (s. S. 74-89) sind eher eine Geschmacks- und Fantasiefrage. Was normalerweie aus Holz besteht, kann nach den Gesetzen der Logik eigentlich nicht aus Marmor sein.

Die Tür einfassende Architrave können genauso wie die Tür oder wie die Wand oder auch ganz individuell behandelt werden. Sie trennen Tür und Wand, was auch im Farbton deutlich werden sollte. Sind Türen und Wände deutlich strukturiert, sollten sie allerdings schlicht gehalten werden.

Man kann Architrave auch einfach wischen. Marmorierte Architrave sehen zwar gut aus, sind aber etwas kompliziert (s. S. 161). Man muss sie stupfen statt schlichten, um den Anstrich weich zu vermalen.

EINE TÜR IN ZUGTECHNIK

1
Paneele lasieren und ziehen. Trocknen lassen.
2
Mittlere Einfassungen lasieren und ziehen.
3
Querleisten im Wechsel lasieren und ziehen.
4
Äußere Umrandung im Wechsel lasieren und ziehen.
5 & 6
Architrave lasieren und ziehen.

Links und gegenüber oben
Eine einfache, glatte Tür kann eindrucksvoll wirken, wenn man Paneelleisten anbringt. Sockel und Tür, in Vogelaugenahorn gemalt, runden das Bild ab. Die Arbeit wurde in Wasserfarbe ausgeführt, doch kann man Türen auch in Öl malen.

Links und gegenüber links
Tür und Architrav wurden in Zugtechnik (Hellbraun auf Eierschalbasis) klassisch behandelt.

Links und gegenüber Mitte
Die Paneele dieser Flurtür wurden in Mittelgelb gewischtupft, die Umrandungen mit grüner Lasur an einigen Stellen mit dem Lappen betont. Der Türrahmen wurde gezogen und mit denselben Gelbtönen auf die Wände abgestimmt.

Links und gegenüber rechts
Mahagoni ist extrem teuer, doch kann man Fülle und Üppigkeit dieses Holzes auf einer einfachen Tür imitieren. Hier wurden Tür, Architrav sowie Sockel und Paneele in Mahagoni gestaltet.

Sockel, Heizkörper und Leisten

Der Sockel ist der Bereich unterhalb der Stuhllehnen und soll seit dem 18. Jahrhundert (in England) die Wände vor Schäden durch Stühle schützen. Schließlich wurde daraus eine Unterteilung der Wand in unterschiedlicher Höhe, im Zeitalter König Eduards VII. konnte der Sockel sehr hoch liegen. In den fünfziger und sechziger Jahren kam er aus der Mode, kommt aber zur Zeit wieder auf. Ein Sockel lässt sich in vielfacher Hinsicht gestalten. Falls er im Laufe der Geschichte eines Hauses entfernt worden ist, lässt er sich durchaus wieder erneuern. Man kann aber auch einen Sockel mit Farbe vortäuschen, sei es als Trompe l'oeil, durch eine Linie oder einen dunklen Farbton.

Die Farbe des Sockels ist meist in einem dunkleren Ton als die übrige Wand, gleichsam als Verankerung für den Raum, gehalten. Traditionell kann eine Wand oben gezogen und unten marmoriert (s. S. 64-66, 74-89 und 168) oder unterhalb von Trompe l'oeil-Paneelen grob gestupft werden (s. S.54-55 und 130-131).

Die Sockelleiste wird farbgewaschen oder gezogen. Den Sockel kann man auch in Porphyr gestalten oder masern (s. S. 94-95 und 104-111).

Anaglyphe, eine Art plastischer Tapete, die altem, spanischem getriebenem Leder ähnelt, wurde früher, besonders in Häusern zu Zeiten Eduards VII., häufig für Sockel verwendet.

Heutzutage verkleidet man Heizkörper gerne und hat so eine Fläche für Dekoration, die z. B. gezogen werden kann. Wenn man ein Zimmer ganz streicht, sollte man die Heizkörper abmontieren. Überflüssig zu betonen, dass man die Heizkörper abstellen muss, bevor man sie streicht!

Die Gestaltung von Heizkörpern hängt von ihrer Form ab. Man kann mit dem Schwamm oder Lappen Farbe auftragen oder die Körper marmorieren (s. S. 50-51 und 58-61). In den Farben des Hintergrundes oder von Holzteilen wirken sie unauffällig. Durch die Wärme des Heizkörpers verfärbt sich die übliche Öllasur gelblich. Eine Dispersionslasur auf Wasserbasis wird von der Hitze weniger angegriffen.

Fußleisten sehen oft sehr angegriffen aus, weil ständig Möbelstücke anstoßen und Menschen dagegentreten. Leisten in gutem Zustand oder erneuerte werden einfach gezogen oder, was zeitaufwendiger ist, marmoriert. Man kann Fuß- und Sockelleiste zueinander passend marmorieren oder man bearbeitet sie mit dem Lappen in einer kräftigen Farbe. Man kann sie auch zweimal in ähnlichen Farben marmorieren und dann eierschalmatt lackieren (s. S. 44-45), um sie gegen Abnutzung zu schützen.

GEGENÜBER *Fußleisten, Sockel und Sockelrahmen wurden in dunklem Karminrot auf hellem Rosa marmoriert. Der Sockel wurde vorher mit einem Bleistift in zwei Platten unterteilt. Die Wand über dem Sockel wurde im selben Farbton gestupft.*

RECHTS UND GANZ RECHTS *Diese Heizkörper bilden mit der marmorierten Wand eine Einheit.*

OBEN *Die Sockelleiste wurde in einer Farbmischung gezogen und, als die Lasur trocken, aber noch klebrig war, mit einem Lappen gewischt. Die Farbspritzer betonen das antike Aussehen.*

LINKS *Eine hohe, wuchtige viktorianische Fußleiste und ein Architrav wurden auf einen Kamin aus echtem Marmor abgestimmt. Das Marmorieren erfolgte in mehreren Schritten. Anschließend wurde zum Schutz vor Dellen und Kratzern lackiert.*

Decken und Simse

Die Unzugänglichkeit der Decken erschwert ihre Gestaltung in aufwendigen Techniken. Am einfachsten lassen sie sich farbwaschen (s. S. 62-63). Einfache Himmel- und Wolkenbilder sind auch eine Möglichkeit (s. S. 134-135). Eine Deckendekoration sollte gut überlegt sein und zu den Wänden passen.

Decken werden meist einige Töne heller als die Wände gestrichen. Sie sollten aber nicht zu stark zu den Wänden kontrastieren. Daher ist ein gedecktes einem reinen Weiß vorzuziehen. In Altbauwohnungen mit hohen Wänden sind dagegen eher dunkle Decken angebracht. Dadurch wirkt die Decke weniger hoch und das Zimmer gemütlicher. Helle Wandfarben können an der Decke fortgesetzt werden.

Die einfachste Technik für die Decke ist Farbwaschen. Mit einem Bodenmopp, um den ein Tuch gewickelt ist, kann man leicht die Decke erreichen. Vielleicht lassen sich im Malergeschäft breite Stupfpinsel mit Stielverlängerung für Dekorationszwecke auftreiben, mit denen man eine Decke auch stupfen kann (s. S. 54-55). Kleine Decken können auch mit dem Schwamm schnell und direkt bearbeitet werden. Bereits ein einfaches Schachbrettmuster wirkt sehr apart.

Gesimse stellen auch farblich einen Übergang zwischen Wänden und Decke dar. Man wählt also einen dazwischenliegenden Farbton, vor allem dann, wenn die Wände ziemlich dunkel sind und die Decke hell ist. Der einfachste Anstrich für einen Sims ist die Wischtechnik mit Lasur. Lasur auftragen, dann durch Stupfen verteilen und schließlich mit dem Tuch wischen. Eine Marmorierung an Simsen ist sehr raffiniert und wirkt gut, wenn sie mit den übrigen Farben übereinstimmt (s. S. 74-89).

Bei Reliefsimsen sollte man die Formen nicht in unterschiedlichen Farben gestalten. Das wirkt zu grell und ist außerdem viel zu aufwendig. Wenn kein Gesims vorhanden ist, kann man dieses entweder mit der Schablone (s. S. 114-119) oder freihändig als Wandabschluss malen.

Die Fläche zwischen Bilderleiste und Decke wird Fries genannt. Einen Fries kann man gut freihändig oder mit Schablonen malen. Die Farben sollten hell sein, damit der Fries nicht zu drückend wirkt. Die Bilderleiste wird gezogen (s. S. 64-66) oder wie die übrige Wand gestrichen.

1 Vorsprünge und Vertiefungen eines Simses kommen gut heraus, wenn man zuerst eine Lasur aufträgt und dann stupft (s. S. 54), um die Farbe gleichmäßig zu verteilen.

2 Wenn die Lasur klebrig wird, wischt man die vorstehenden Teile mit einem Baumwolllappen, damit das Muster hervortritt.

OBEN *Weil diese Schablonenbilder auf begrenztem Raum untergebracht werden müssen, dürfen sie nicht statisch wirken, sondern müssen rhythmisch wiederkehren. Obwohl die Muster sich eng an den Vorhang als Vorlage halten, ist das Schablonenmuster viel lockerer und großzügiger.*

GEGENÜBER *Das Muster des Vorhangstoffes wurde als Fries mit Schablonen unterhalb des Simses aufgemalt. Obwohl es sich öfter wiederholt, wirkt das Muster insgesamt frei und locker.*

LINKS *Als Übergang von den grauen Wänden zur hellen Decke wurden die Stuckbalken und -simse in hellen Grautönen marmoriert.*

Kamine

Da ein Kamin gewissermaßen das Zentrum eines Zimmers bildet, sollte man ihn anders gestalten als den übrigen Raum. Wird der Kamin auch beheizt, sollte der Anstrich auf jeden Fall durch ein Kamingitter vor dem offenen Feuer geschützt sein. Trikottupfen und Stupfen (s. S. 48-49 und 54-55) sind für Kamine die einfachste klassische Technik, vor allem auf erhabenen Stellen, wo man mit dem Lappen die Lasurfarbe wegwischen kann. Wischtupfen und Farbwaschen (s. S. 50-51 und 62-63) eignen sich besonders gut für einfache Kamine.

Marmorieren ist eine beliebte Technik (s. S. 74-89). Der ganze Kamin wird wie ein großes Stück Marmor behandelt. Ist der Kamin verziert, kann man keinen Schlichtpinsel verwenden, da Sie anstatt die Lasur zu vermischen, diese nur in die Vertiefungen hineinwischen. Auch Masertechniken (s. S. 104-111) und Intarsien in Malachit und Porphyr (s. S. 90-95) gehen gut.

Freihand- und Schablonenmalerei, Drucken oder Antiquieren mit Wachs oder Lack (s. S. 114-125 und 150-153) verschönern jeden Kamin.

OBEN *Dieser gusseiserne Kamin wurde in Schattierung von Sand und Braun marmoriert. Die generöse Äderung erweckt den Eindruck, als sei der Kamin aus einem Marmorblock geschnitten.*

GEGENÜBER *Dieser Kamin wurde in einer Mischung aus Hellgrau und Umbra natur gestupft und auf den marmorierten Sockel abgestimmt. Die Vorsprünge wurden gewischt, um die Grundfarbe freizulegen.*

LINKS UND OBEN *Ein schlichter Kamin bietet viele Gestaltungsmöglichkeiten. Der Pfeiler erhielt eine dunkelrote Lasur, über die anschließend Terrakotta und Schwarz gerieben wurde. Noch in die nasse Farbe wurden mit dem Pinselstiel Kratzer gemacht, die die weiße Grundfarbe freilegten. Nach dem Trocknen wurde mit Acrylfarbe ein Motiv freihändig gemalt. Der Kaminsims wurde mit einem Plastikbecher und schwarzer Acrylfarbe bedruckt. Ein anderes Motiv wurde freihändig auf die Fläche unterhalb des Simses gemalt.*

Fenster und Fensterläden

In der Regel werden Fenster durch Gardinen geschmückt. Viele dekorative Möglichkeiten ergeben sich aber an Fensterläden, am Fensterrahmen, auf Blenden und selbst auf den Fensterscheiben. Fensterläden lassen sich wischen, masern, freihändig malen oder mit Schablonen bemalen (s. S. 64-66, 104-111 und 114-119). Wenn das Fenster keine Gardinen hat, kann es mit einer Bordüre in Schablonen- oder Freihandmalerei gerahmt werden. Die Fensterleisten sind wirklich zu schmal, um dekoriert zu werden. Man sollte sie einfach in einer hellen Farbe bemalen, die mit der Tageshelligkeit nicht zu sehr kontrastiert.

Mit Sprayfarben kann man Schablonenmotive auf die Fensterscheiben sprühen. Danach die Fenster vorsichtig putzen!

OBEN *Läden und Sockeltäfelung sind in Umbra gebrannt und Weiß gezogen, als Ergänzung zu den in Rosa mit dem Lappen getupften Wänden (s. S. 50-51). Die Fensterrahmen sind einfach farbgewaschen.*

RECHTS *Ein kleines quadratisches Garderobenfenster wurde mit Lackspray in mehreren Farben besprüht, wobei sich die Schablonen überlappen, sodass man nicht hineinsehen kann. Die Farben harmonieren mit den Gartenpflanzen.*

OBEN *Dieses Fenster benötigt keine Gardinen. Deshalb ist eine interessante Einfassung darum herumgemalt worden. Etwas Acrylfarbe wurde um eine Blattschablone aus Karton aufgetragen.*

GEGENÜBER *Die Paneele dieser Fensterläden wurden als Bilderrahmen für die hübschen Bilder in einem Kinderzimmer verwendet.*

Flure, Geländer und Treppen

FLURE UND EINGANGSHALLEN sollten einladend, interessant und freundlich sein. Sie vermitteln Gästen den ersten Eindruck von der Wohnung und verbinden die verschiedenen Teile des Hauses miteinander. Deshalb sollte ein Flur die einzelnen Elemente, Stimmungen und Besonderheiten aller Räume widerspiegeln.

Bei einer einfachen Lösung bleiben die Flächen im Flur leer und neutral, was aber auch sehr langweilig wirken kann. Das muss jedoch nicht so sein. Da man einen Flur nur passiert, können gerade hier die Farben etwas intensiver und die Anstriche auffälliger sein. Gut machen sich in einem Flur z. B. Schabloneneffekte, Streifen, Intarsien in Malachit auf Schwarz auf einem Sockel oder intensiv farbig gewaschene Wände, auf die man sogar gerahmte Bilder hängen könnte (s. S. 114-119, 126, 90-93 und 62-63). Man sollte die Dekoration in kleinen Fluren aber nicht übertreiben, sonst wirken sie eher wie ein Tunnel. In diesem Fall sollten die Farben heller sein. Einen dunklen Flur belebt man, indem man ihn mit Gelb aufhellt. Dieselbe Farbe an der Decke öffnet den Raum noch mehr.

Die knifflige Arbeit an Treppengeländern legt einem bei der Gestaltung Beschränkungen auf. Schnelle, einfache Techniken, die sich gut eignen, sind das Wischtupfen (s. S. 48-51), das Trikotstofftupfen und -wischen und einfaches Farbwaschen.

Beim Treppensteigen verändert sich ständig der Blickwinkel. Deshalb müssen Fußboden, Decke und Wände überall schön gestaltet sein. Decken und Wände sind von Treppen aus oft nur schwer erreichbar. Man muss entweder ein Gerüst leihen oder eine eigene Konstruktion aus Brettern und Stehleitern benutzen. Natürlich braucht man auch sehr lange Pinsel! Wie Flure sind auch Treppengeländer nur schwer zu dekorieren. Die Wände im Treppenhaus bieten jedoch genügend Gelegenheit für interessante Anstriche in leuchtenden Farben.

Da die Seitenbegrenzungen von Treppen sofort ins Auge fallen, wollen sie sorgfältig gestaltet sein. Sie stellen die Verbindung her zwischen Teppich und Wand. Farbwischen eignet sich hier am besten (s. S. 64-66). Marmorieren und Masertechniken in Eiche, Vogelaugenahorn oder Walnuss (s. S. 74-89 und 104-109) können aber auch verwendet werden.

Treppenstufen kann man mit Schablonen bemalen, eventuell in einem einfachen Teppichmuster. Die Treppen in älteren Häusern haben Geländer. Falls keines vorhanden ist, kann man entweder ein neues anbringen oder dort, wo das Geländer hingehört, einen Sockel malen, und zwar entlang einer Maske oder freihändig gezogenen Linie oder als Trompe l'oeil (s. S. 127).

OBEN *Da Geländer eine knifflige Arbeit sind, sollte man sie nicht zu zeitaufwendig gestalten. Dieses hier wurde mit Lappen zuerst in mittlerem Gelb (Lichter Ocker und Siena natur) auf Cremeweiß gewischt und dann in mittlerem Grün (Grüne Erde) nachgewischt.*

LINKS *Dieser Flur hat einen traditionellen Sockel aus imitierten Marmorpaneelen.*

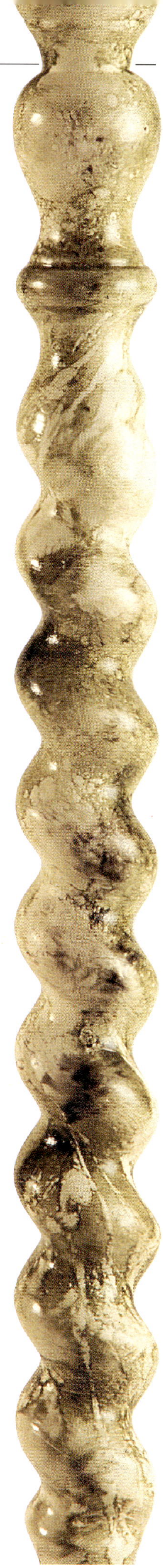

OBEN *Die Wendeltreppe wird durch das Trompe l'oeil-Seil mit Girlande recht attraktiv. Die Treppenstufen erhielten ein Winkelmuster mit Schablonen.*

LINKS *Bei einer anderen klassischen Gestaltung einer Treppe wurden die Endpfosten gezogen und das Geländer mit Trikotstoff getupft und gewischt.*

RECHTS *Eine Geländersäule zu marmorieren ist recht zeitaufwendig und arbeitsintensiv. Wenn man die Geduld dazu aufbringt, erhält man jedoch ein wunderschönes Ergebnis.*

Fußböden

Da die Menschen heute wieder Sinn für Farbe und Anstriche haben, stehen jedem viele neue und alte verführerische Ideen zur Dekoration von Fußböden zur Verfügung. Ein gestrichener Fußboden wirkt individueller und stilvoller als ein mit Teppich oder Fliesen ausgelegter Boden.

Der Reiz der Farbe liegt in ihrer Vielseitigkeit und ihrer visuellen Wirkung: in strengen oder lockeren Mustern, in blassen oder verwaschenen Farben, in frischen, strukturierten Entwürfen, in klassischer Symmetrie und raffinierter Farbgebung – die Möglichkeiten sind unbegrenzt. Ein weiterer Vorteil sind die Kosten. Farbe ist billig und kann jederzeit relativ leicht wieder übermalt werden.

Man kann die Entwürfe direkt auf den nackten Bretterboden, auf gestrichene Bretter, auf Beton oder Hartfaser anbringen. Fußböden können marmoriert (s. S. 74-89), mit Malachit, Porphyr oder Granit eingelegt (s. S. 90-95 und 99), mit einem Trompe l'oeil-Läufer bemalt oder mit Schablonen in lockerer Form oder in einem Raster dekoriert werden (s. S. 114-119).

Gestrichene Böden sind außerdem viel praktischer, als man sich das vorstellt. Man braucht keine spezielle Bodenfarbe. Die normale Dispersionsfarbe haftet gut auf Holz. Alle gestrichenen Böden, vor allem die aus Beton, sollten lackiert werden (s. S. 44-45). Dann hält ein Fußboden lange und ist pflegeleicht.

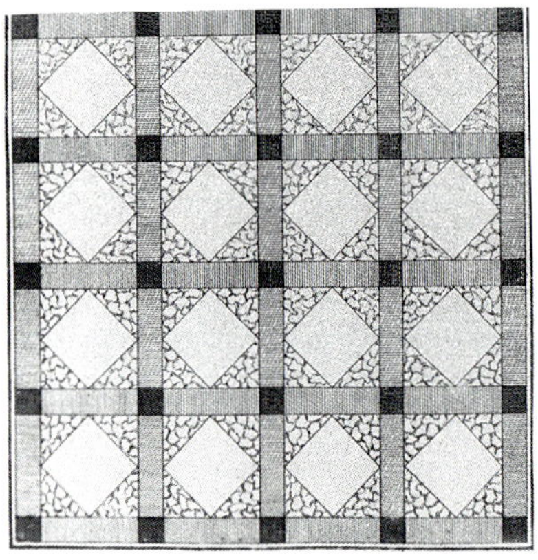

OBEN, LINKS UND GEGENÜBER *Die Fußbodenentwürfe stammen aus John Carwithams „Various kinds of floor decoration" (1739). Ursprünglich waren sie für Stein- und Marmorfußböden gedacht oder für gemalte Fußbodentücher. Sie lassen sich auf vielerlei Weise und mit mehreren Farben auf Fußböden übertragen.*

Die Entwürfe können über einen Grundanstrich in Dispersionsfarbe gemalt werden. Anschließend maskiert man einzelne Teilflächen mit Abdeckband (s. S. 126) oder zeichnet diese freihändig und malt jeweils nur eine Farbe auf.

LINKS *Auf dem Toilettenfußboden ist ein Läufer in trompe l'oeil aufgemalt. Dies ist ein schneller und billiger Weg, einem schlichten Boden einen witzigen Anstrich zu geben. Der Betonboden wurde zuerst mehrfach mit Fußbodenfarben gestrichen. Der Läufer wurde mit Acrylfarbe aufgemalt und dann lackiert. Eine so stark beanspruchte Fläche benötigt mindestens 7 Schichten haltbaren Lacks.*

UNTEN *Einen Holzfußboden in schlechtem Zustand kann man billig und effektvoll mit Hartfaserplatten auslegen. Diese wurden locker und recht wahllos gestrichen und dann mit Schablonenmustern versehen.*

OBEN *Eine Bordüre aus Blättern wurde mit Schablone auf den Parkettfußboden aufgemalt. Der Fluss der Blätter zieht sich entlang der Rundung der Wand und um den Endpfosten der Treppe herum.*

RECHTS *Eine große Fläche lässt sich schnell in Fließmarmor (s. S. 84-85) gestalten. Dann wurde der Fußboden in Quadrate unterteilt, die im Wechsel mit einer dünnen Mischung aus blauer Lasur so gestrichen wurden, dass das darunter liegende Marmormuster durchscheint.*

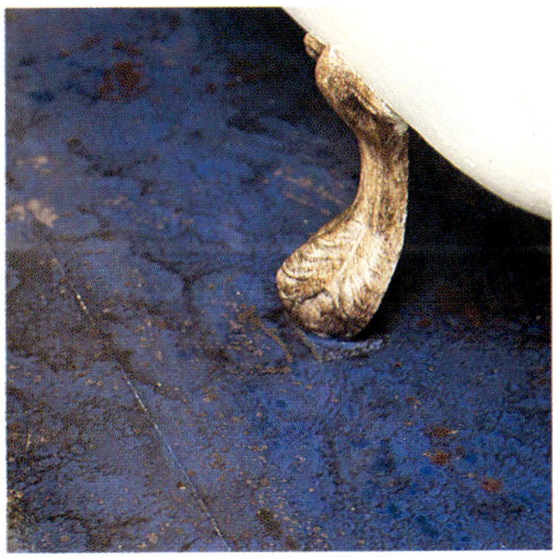

GANZ OBEN *Dieser Boden wurde auf einem geometrischen Muster aus Abdeckbändern farbgewaschen (s. S. 62-63), wobei das Band in verschiedenen Malphasen nach und nach abgezogen wurde.*

OBEN *Fließmarmor in Indigofarbe (s. S. 84-85) wurde auf eine hellblaue Basis gemalt und darüber ein Dunkelrot in kleinen Flecken gestrichen. Der Boden wurde gut lackiert, weil er ständig durch Wasserspritzer beansprucht wird.*

RECHTS *Eine schlichte, praktische Kokosmatte erhielt ein traditionelles Bortenmuster. Das Muster wurde freihändig mit Acrylfarbe aufgemalt.*

Möbel

Bemaltes Mobiliar trifft man in Schlössern, Landsitzen und in Bauernhäusern an – also fast überall. Man kann sich von antiken bis zu zeitgenössischen Möbeln inspirieren lassen. Die mit europäischen Einflüssen durchsetzte Volkskunst Amerikas, der kultivierte französische und italienische Stil und die skandinavische Eleganz sind bekannte Beispiele.

Der farbigste und kreativste Stil des 20. Jahrhunderts wurde von den Künstlern der Bloomsbury Group, wie Duncan Grant und Vanessa Bell, geschaffen. Jeder Stil hatte seine eigenen Farben und Motive, jedes Land brachte seine tradierten Eigenarten in die Möbelkunst ein.

Von diesen vielfältigen Beispielen kann man sich anregen lassen. Ob Sie nun einen bestimmten Aspekt herausgreifen oder ein Möbelstück genau kopieren, das Ergebnis ist letztlich immer eine individuelle Kreation.

Man kann beim Bemalen von Möbeln zwei Intentionen verfolgen. Die erste richtet sich nach den eigenen Bedürfnissen, die den Stil der Dekoration bestimmen. Wenn man zum Beispiel einen kleinen Schrank für das Gästezimmer braucht, wird man Farbe und Stil auf das Zimmer abstimmen. Man kann natürlich auch mit einem Stil anfangen, der einen wirklich interessiert. In diesem Fall nimmt man am besten einen schlichten Gegenstand, wie eine Schale oder einen Rahmen, auf dem man die Technik vollständig erkunden kann.

Überlegen Sie sich erst den Stil für Ihr Möbelstück. Ein Art-Deco-Schrank kann nicht ohne radikale Veränderungen in ein viktorianisches Schmuckkästchen verwandelt werden. Genauso verträgt ein hübsches, filigranes Kästchen keine derbe Bemalung im Landhaus-Stil. Überladen Sie aber nie einen Gegenstand mit zu vielen Techniken und Farben. Drei bis vier Farbtöne aus einer verwandten Farbenreihe müssten reichen.

LINKS *Lehne und Rand der Sitzfläche dieses Stuhls aus dem 19. Jahrhundert wurden mit einer Malachit-Einlegearbeit und einer schwarzen Konturlinie als Kontrast versehen (s. S. 90-93). Auf den beiden vorderen Stuhlbeinen wurden noch zwei Medaillons in Malachit mit einem Goldrand aufgemalt.*

RECHTS *Dieses dekorierte Kästchen wirkt sehr modern, obwohl die Sternformen mit Reißlack (s. S. 146-147) behandelt wurden, einer Technik, die man sonst zum Antiquieren nimmt. Die scharfen Kanten, das ungewöhnliche Sternenmuster und der schwarze Glanzlack tragen zu der avantgardistischen Wirkung bei. Von Peter Davey bemalt.*

OBEN *Das schwarze Holz dieses alten Klaviers konnte nicht mehr repariert werden. Auf eine cremefarbige Untermalung wurden mit Schablonen (s. S. 114-119) kräftige Blumengirlanden aufgemalt. Durch die Farblasuren (s. S. 150-151) wirkt es richtig altehrwürdig. Bemalt von Liz Macfarlane.*

RECHTS *Ein venezianisches Möbelstück aus dem 18. Jahrhundert inspirierte zu dieser Kommode. Die Patina auf dem weißen Untergrund wurde mit zwei farbigen Wachsen in dunklen Tönen geschaffen, die mit einem weichen Tuch eingerieben wurden (s. S. 45). Die Ecken wurden mit Metallwachs vergoldet (s. S. 144-145).*

UNTEN *Dieser Rahmen wurde mit Acrylfarbe in Umbra-, Ocker- und Sienatönen über eine gelbbraune Lasur gemalt (s. S. 100-101). Der Schildpatteffekt wurde mit mehreren Schichten Hochglanzlack veredelt.*

UNTEN *Der Übertopf wurde in Rot gestrichen und mit Goldbronzepulver verziert (s. S. 144-145). Dekoriert von Golfar und Hughes.*

RECHTS *Auf dieser mit Papiergirlanden verzierten Truhe treiben aus Papier ausgeschnittene Fische und andere Meereslebewesen auf einem gesprenkelten, meergrünen Hintergrund. Die Reißlasur (s. S. 146-147) gibt der Dekoration Glanz und Patina zugleich. Dekoriert von Nicola Wingate-Saul.*

OBEN *Dieser hübsche Tisch wurde in Schablonenmalerei (s. S. 114-119) mit einem Blumenmotiv in Olivgrün-, Blau- und Terrakottatönen auf hellem blaugrauen Grund geschmückt. Die Farben wurden mit Patinawachs und Stahlwolle antiquiert (s. S. 152-153).*

RECHTS *Eine Holzsäule wurde sehr geschmackvoll und ausdrucksstark marmoriert und mit verdünnten Ölfarben gesprenkelt (s. S. 74-79 und 96-97). Der dunkler gemalte Fuß gibt dem Stück die nötige Schwere. Dekoriert von Pamela Griffiths.*

OBEN *Dieser Lampensockel aus Porzellan wurde mit Reißlack lasiert und dann mit Dunkelrot bemalt (s. S. 148-149). Das Motiv wurde nach einem niederländischen Gemälde des 17. Jahrhunderts freihändig gemalt.*

RECHTS *Dieser Schrank erhielt ein rechteckiges Muster (s. S. 138-139) aus Kupferblättern, die mit Stahlwolle antiquiert wurden und zum Teil den dunkelgrünen Grund durchschimmern lassen.*

UNTEN *Die in Vert antique-Marmor gemalte Fläche auf diesem kleinen dunkelgrünen Tisch wirkt wie eine Marmoreinlage (s. S. 74-83 und 88-89). Die cremefarbene Umrandung (s. S. 127) und die Bänder auf den Tischbeinen akzentuieren das Ganze. Gemalt von Lady Daphne.*

UNTEN *Fließmarmor (s. S. 84-85) wurde in mehreren deckenden Schichten auf diesen Rahmen aufgetragen. Zum Schluss wurde noch geädert (s. S. 80-81).*

OBEN *Die Form dieser goldenen Winde wurde mit Schablone und Transfergold (s. S. 114-119 und 138-139) geschaffen. Nach dem Lackieren wurden die Details mit der Hand gemalt. Von Michael Midgley.*

UNTEN *Sockel für kleine Statuen und Kunstgegenstände wurden früher aus Marmor oder Porphyr gemacht. Diese beiden Holzsockel wurden in Malachit (links) und Lapislazuli (rechts) imitiert (s. S. 90-93 und 96-97). Gemalt von Felicity Wakefield.*

OBEN *Die dunkle Grundfarbe dieses kleinen Nachtschranks wurde mit einer helleren Farbe leicht lasiert. In den Paneelen wurde ein Messinggitter (Grille) mit Schablone gemalt, zum Schluss mit Patinawachs eingelassen (s. S. 114-119 und 152-153) mit Wachs antiquiert..*

OBEN *Ein japanischer Kimonostoff inspirierte zur Dekoration dieser Schrankpaneele. Durch Kämmen in Blau und Rot über einer gelben Grundfarbe wurde ein Schottenmuster geschaffen (s. S. 68-69). In Blau gemaltes Laub wurde mit Schablone in einer lockeren Anordnung auf die Paneele gemalt. Die Türrahmen erhielten ein lockeres Schachbrettmuster, indem Gelb mit einem Stück festem Karton eingestempelt wurde (s. S. 114-119 und 124).*

LINKS *Ein schwedischer Klapptisch (um 1880) in traditioneller Bemalung. Die gleiche Wirkung lässt sich mit blauer Lasurfarbe und einer Maseriertechnik ähnlich wie bei Walnuss (s. S. 108-109) erzielen. Die Farbe des Tischbeins kann imitiert werden, indem man eine blaugraue Grundfarbe mit Patinawachs antiquiert (s. S. 152-153).*

RECHTS *Eine Teedose aus dem 19. Jahrhundert wurde mit Transfergold auf Schwarz restauriert (s. S. 138-139). Das Blattgold wurde mit Öllack eingelassen (s. S. 44-45).*

LINKS *Einfache flache Rahmen bieten eine gute Gelegenheit, verschiedene Anstrichtechniken auszuprobieren. Von links nach rechts wurden folgende Techniken angewandt: Farbe mit dem Schwamm aufgetragen, Reißlack auf Sandbraun, Maserung in Vogelaugenahorn, Kammzug, Marmorierung in Malachit mit Linie aus Transfergold (s. S. 58-59, 146-147, 106-107, 68-69, 90-93 und 138-139).*

UNTEN *Eine 4000 Jahre alte ägyptische Keramik inspirierte zu diesem Schnurspender. Über eine dunkelrote Grundierung wurde in Mittelblau gemalt. Das Löwenmotiv wurde freihändig aufgemalt. Die Dose wurde gelackt und abgerieben. Die Kratzer mit Farbe betont (s. S. 150-151.*

OBEN *Das warme, antike Aussehen dieses hübschen französischen Tisches aus dem 19. Jahrhundert kann entweder mit Wachs in warmen Farben oder gelblichem Lack (s. S. 44-45) imitiert werden. Die Dekoration wurde früher mit der Hand gemalt. Man kann sie mit Schablonen (s. S. 114-119) und mit der Hand gemalt nachahmen.*

Glossar

A

Abdeckband Selbstklebendes Band zum Abdecken von Flächen und Führungslinien.

Acrylfarbe Schnell trocknende Farbe auf Wasserbasis. Trocknet wasserfest auf und wird zum Färben von Dispersionslacken verwendet.

Acrylleim s. *Goldleim*

Acryllack s. *Lack*

Ädern Technik zum Aufmalen von Adern auf imitiertem Marmor.

Aluminiumblattmetall Eine preiswerte Alternative für Versilberung

Architrav Der hölzerne Querbalken über einer Tür oder über einem Fenster. Er kann schlicht sein, Ornamente oder Wülste und Rinnen aufweisen.

B

Basisanstrich Der erste Farbauftrag vor der Lasur. Bei wässrigen Techniken wird eine Dispersionsfarbe verwendet, bei öligen eine seidenmatte Ölfarbe, wie Eierschalfarbe.

Bilderleiste Horizontale Zierleiste an der Wand. Ursprünglich zum Aufhängen von Bildern.

Blattgold Hauchdünne Goldblättchen zum Vergolden.

Blattmetall Sehr dünne geschlagene Metallblättchen für Vergoldertechniken. Erhältlich in losen Blättchen und in „Büchern".

Bolus Tonerde, die mit Hasenleim gebunden und vor dem Vergolden mit Blattgold auf den Gessogrund aufgetragen wird.

Bordüre Muster auf der Umrandung eines Paneels, einer Wand, des Fußbodens usw. Man kann sie drucken, mit einer Schablone oder freihändig malen.

Bronzepulver Metallpulver in verschiedenen Metalltönen, mit Goldleim oder Wachs für Vergoldereffekte verwendet.

Brücke Kleine Verbindungsstücke, die man beim Ausschneiden von Schablonen stehen lässt, damit diese nicht auseinander fallen.

D

Dachshaarpinsel Schlichtpinsel aus Dachshaaren, die es in zahlreichen Formen und Größen gibt. Wird vor allem beim Marmorieren, Holzmasern und anderen Bravourtechniken gebraucht.

Deko-Farbe Universal-Farben zum Basteln und Dekorieren auf Wasserbasis.

Drucken Auf ein in Holz, Styropor, Schwamm, Früchte oder Gemüse geschnitztes Motiv wird Farbe aufgetragen und auf der Wand abgedruckt.

E

Eierschalfarbe Eine seidenmatte Farbe auf Ölbasis, als Grundanstrich bei Grund- und Bravouranstrichen.

Emulsion Wird meist fälschlich für Dispersionsfarben verwendet. Echte Emulsion ist ein Gemisch aus öligen und wässrigen Substanzen wie Eitempera.

F

Farbeimer Metall- oder Kunststoffeimer, in dem sich kleine Farbmengen gut transportieren lassen.

Farbwischen Technik, um Farblasur vom Grundanstrich abzuwischen.

Firnis Alte Bezeichnung für Lasur

Fitscher Schweinsborstenpinsel, in fünf Typen erhältlich: rund, katzenzungenförmig, lang, kurz und spitz. Er wird bei vielen Dekorationstechniken gebraucht, oft als Alternative zum Haushaltspinsel.

Folie Transparentes oder halbtransparentes Material zum Schneiden von Schablonen.

Fries Wandstreifen zwischen Sims und Bilderleiste. Außerdem Zierstreifen meist unter dem Sims, aus Tapeten, aus freihändig oder mit Schablonen gemalten Motiven.

Fußbodenfarbe Eine besonders strapazierfähige Farbe für Holz, Linoleum und Beton.

Fuso Sprenkelmaschine

G

Gesso Weiße Kreide, die mit Hasenleim und Weißpigment in mehreren Schichten aufgetragen wird, um eine glatte Fläche zum Vergolden zu erhalten.

Goldleim Spezialleim, auf dem Blattmetalle und Bronzepulver haften. In wässrigen wie öligen Sorten erhältlich. Auch als Mixtion oder Vergoldermilch bekannt.

Grundierung Voranstrich für Gipswände oder Holz.

H

Hasenleim Leim aus Knorpel und Haut von Hasen zur Herstellung von Gesso.

Haushaltspinsel Malerpinsel in vielen Größen für Basisanstriche oder als Ersatz für Schlagpinsel.

K

Kamm Gerät aus Holz oder Plastik mit Zinken. Das ursprünglich beim Holzmalen verwendete Werkzeug wird heute auch für den Kammzug verwendet. Lässt sich aus festem Karton schneiden.

Künstlerölfarbe Ölfarbe für Künstler zum Färben der Lasur. Es handelt sich um feine Farbpigmente, mit Leinöl gebunden. Wird mit Terpentin oderTestbenzin (Terpentinersatz) verdünnt.

L

Lack Transparenter Überzug als abschließende Schicht eines Anstrichs. Lacke können matt, seidenmatt oder glänzend sein, auf Wasser (Acryllack) oder Öl basieren. Schelllack ist in Alkohol gelöst.

Lackierpinsel Spezieller flacher Pinsel mit langen Borsten zum Lackieren.

Lasur Transparentes, langsam trocknendes Mittel mit Zusätzen von Farbe oder Pigment. Es wird für die meisten Dekorationstechniken verwendet. Öllasuren werden aus einer Mischung aus Testbenzin und Leinöl hergestellt, heute noch vor allem für Bravouranstriche gebräuchlich. Wird immer mehr von Acryllasuren verdrängt, die geruchslos und einfach zu handhaben sind. Auch gefärbte Lasuren sind erhältlich.

Leinöl Gelbliches Pflanzenöl aus Leinsamen. Wird für Ölfarben und Öllasuren verwendet.

Linieren Technik zur Umrandung von Flächen.

Linierpinsel s. *Schlepper oder Schriftpinsel*

M

Maserpinsel Spezialpinsel zum Holzmasern.

Maserstempel Spezialwerkzeug zum Erzeugen von Maserung.

Methylalkohol Alkoholisches Lösungsmittel zum Reinigen der Pinsel und für einige Marmoriertechniken. (Vorsicht giftig!)

Modler Pinsel zum Holzmasern. Die drei Sorten sind langhaarig, kurzhaarig und wellenförmig.

O

Öllasur s. *Lasur*

Ölleim s. *Goldleim*

P

Palette Flaches Brett aus Holz oder Plastik zum Aufnehmen und Mischen der Farbe. Der Begriff dient auch zur Bezeichnung von Farbskalen.

Patina Altersbedingte dunkle Oberflächenschicht.

Patiniermittel Wasserlösliches Mittel zum Erzeugen von Patina.

Patinierung Mit Wachs oder Patiniermittel künstlich herbeigeführte Patinierung.

Pigment Färbende Substanz in der Farbe. Pulverpigmente sind in den Künstlerbedarfsgeschäften erhältlich. Man kann sie der Lasur, dem Lack oder dem Wachs zufügen.

Polierstein Ganz glatter Stein aus Achat, mit dem Blattgold poliert wird.

Polyurethanlack Wasserlöslicher Dispersionslack

Primärfarben Aus den Primärfarben Rot, Gelb und Blau können alle Malfarben (theoretisch) gemischt werden. Ihre ersten Mischungen ergeben die Sekundärfarben Orange, Grün und Violett.

R

Reißlack Durch Auftragen zweier verschiedener Lacke entsteht Rissbildung.

Reißlasur Wird zwischen zwei Farbschichten aufgetragen, um Risse in der oberen Farbschicht zu erzeugen.

Reißschiene Eine Metallschiene zum Ziehen, Schneiden und Reißen von geraden Linien.

Rigger Rotmarderpinsel mit langen Haaren

Rotmarderpinsel Hochwertiger Künstlerpinsel aus den Schwanzspitzen des Rotmarders.

S

Sandpapier Schmirgelpapier in verschiedenen Graden von fein zu grob.

Schablone Aus Karton oder anderem Material geschnittenes Muster oder Motiv.

Schablonenmalerei Dekorative Maltechnik, bei der Farbe mit Hilfe einer Schablone aufgetragen wird.

Schablonenpinsel Kurzhaariger Pinsel, der wenig Farbe aufnimmt. In vielen Größen, mit kurzem oder langem Stiel erhältlich.

Schelllack s. *Lack*

Schlagpinsel Grober Pferdehaarpinsel zum Ziehen und Schlagen

Schlämmkreide Feingemahlenes Kalziumkarbonat, das man zur Herstellung von Gesso verwendet. Wird auch Champagnerkreide genannt.

Schlepper Spitz auslaufende Spezialpinsel zum Ziehen von Linien und für Marmorfeinstrukturen. In den Größen 0-3 erhältlich.

Schlichtpinsel Ein langhaariger Pinsel zum Schlichten oder Mischen von Farben beim Marmorieren und Masern. Schlichter aus Dachshaaren sind leichter zu handhaben, aber teurer als Schlichter aus Schweinsborsten.

Schneidemesser Sehr scharfes Messer mit auswechselbaren Klingen zum Schneiden von Schablonen usw.

Sekundärfarben Aus Primärfarben gemischte Farben, aus denen wiederum graubraune Tertiärfarben entstehen.

Sims Stuckkranz am oberen Rand der Wände eines Zimmers. Heute auch vorgefertigt erhältlich.

Sockel (Dado) Teil der Wand unterhalb der Sockelleiste, der traditionell so gemalt, getäfelt oder dekoriert wird, dass er sich von der übrigen Wand absetzt.

Sockelleiste Leiste, die im 18. Jahrhundert eingeführt wurde, um die Wand vor Beschädigungen durch Stuhllehnen zu schützen.

Stahlwolle Material aus feinen Stahlfäden zum Abschleifen, in feinen und groben Sorten.

Stupfbürste Eine rechteckige Bürste zum Stupfen oder zum Aufnehmen überschüssiger Farbe von Simsen, Architraven usw. In verschiedenen Größen, auch in Pinselausführungen, erhältlich.

T

Tertiärfarben Aus je zwei Sekundärfarben entsteht eine grautonige Tertiärfarbe.

Terpentin Harzlösung, die Farben und Lacken zugesetzt wird. Auch zum Verdünnen von Ölfarben.

Testbenzin Auch Terpentinersatz genannt. Ein preiswerter Ersatz für Terpentin zum Verdünnen von Ölfarben und Lacken.

Tonwert Gibt an, wie hell oder dunkel eine Farbe ist. Verschiedene Farben können den gleichen Tonwert haben.

Traditionelles Vergolden Spezielle Technik zum Auftragen von Gold auf Oberflächen.

Transfergold/ Transfermetall Auf Seidenpapier liegende Goldblättchen für die Ölvergoldung. Auch in anderen Metallsorten erhältlich.

Trikotstoff Baumwollstoff unterschiedlicher Webart für die Trikotstofftechnik und zum Aufnehmen überschüssiger Farbe.

Trockenmittel Auch Sikkativ genannt. Hochwirksame Metallverbindungen, die den Trockenprozess von Ölfarben beschleunigen.

Trompe l'oeil Optische Täuschung, vor allem auf Gemälden des 17. Jahrhunderts zu sehen. Vortäuschung plastischer Dinge auf einer zweidimensionalen Ebene.

U

Untermalung Vorgrundierung. Matte Farbschicht vor Auftrag des Basisanstrichs.

Untertapete Einfaches, glattes Tapetenpapier, das Wandunebenheiten verdecken soll. Man kann nach dem Voranstrich gleich darauf malen.

V

Vergolden Spezialtechnik zum Übertragen von Gold auf Oberflächen, besonders auf Bilderrahmen.

Vergolderkissen Kissen mit einem zusammenlegbaren Pergamentschutz für die feinen Goldblättchen.

Vergoldermesser Ein hervorragend ausbalanciertes Messer zum Schneiden von Blattgold.

Vergolderpinsel Spezialpinsel aus Haaren zwischen zwei dünnen Kartonstücken, mit dem man das Blattgold zum Vergolden aufnimmt.

W

Wachs Schutzmittel, das in die Oberfläche des Werkstücks eindringt. Klar oder dunkel. Dunkles Wachs dunkelt die Oberfläche.

Wasserwaage Mit Spiritus gefüllter Glaskolben. Die eingeschlossene Luftblase zeigt die waagerechte und senkrechte Lage an.

Wasserhaltige Lasur s. *Lasur*

Weißpigment Lithopone oder Titandioxid setzt man als Weißpigment meist dem Gesso zu.

Z

Zarge Die horizontalen Elemente in einem Türpaneel.

Zierleiste Ornamentales Gips- oder Holzwerk für Umrandungen.

Zugpinsel Grober, langhaariger Pinsel, zum Holzmasern und zur Zugtechnik verwendet.

Register

P

R

S

T

Danksagung

Wir danken allen Dekorationsmalern, die zu diesem Buch beigetragen haben, vor allem aber der verstorbenen Victoria Morland, deren wunderschönes Kästchen die Titelseite schmückt.

Autoren und Verleger danken den folgenden Künstlern und Dekorateuren für die freundliche Genehmigung, ihre Werke abbilden zu dürfen:

Felicity Binyon und Elizabeth Macfarlane, Schablonenentwürfe auf S. 118, 119 o, 119 M, 162 o, 163 o, 172 or, 172 ul, 174-175 u; James Booth 168 l; Chalon 182 l; Serena Chaplin 140-141; Lady Daphne 179 ul; Peter Davey 175 o, 176 ul; Victoria Ellerton 90, 126 ul; David Genty 48, 49 ul, 55 ul, 164; Golfar und Hughes 100 r, 176 ur, 182 u; Elaine Green 114-115, 119 u, 156, 166 u; Pamela Griffiths 165 o, 169 r, 178 r; Belinda Hextall 143 l; Sally Kenny 97 r; François Lavenir 145 ul; Harry Levinson 105 u, 106 l, 110 r, 159 o, 159 ur; Michael Midgley 180 o; Victoria Moreland 1, 3, 89 u, 106 r (für Colefax & Fowler); Caroline Richardson 159 ul; Valerie Traynor 133 u, 135 M; Felicity Wakefield 94 r, 161 ul, 135 u; Nicola Wingate-Saul 177 o.

Autoren und Verleger danken für ihre Hilfe bei der Schritt-für-Schritt-Fotografie:

Felicity Binyon (Schablonenmalerei), Dorothy Boyer (Trompe l'oeil) und Belinda Hextall (Vergoldertechniken), François Lavenir (Metallpulver), Valerie Traynor (Mauerwerk und Himmel).

Autoren und Verleger danken für die freundliche Genehmigung, ihr Heim und ihre Einrichtung fotografieren zu dürfen:

Beaudesert 10-11, 55o, 57, 66 o, 75 o, 86, 100 l, 108, 110 l, 159 ul, 160, 161o, 162 o, 163, 166 ol, 168 l, 169 ul, 180 u; Carola Bird 126 ul; Chatsworth House 128 l; Colour Counsellors 119 o; Carrie Hinton 165 o; Mrs Hume-Kendall 48, 49 ul, 55 ul; Helena Mercer 159 uM, 168 r, 174 l, 183 ur; National Trust 7; 130 l; Mrs Sasse 164; Hamish Scott-Dagleish 90; Louise Wigley 9.

Autoren und Verleger danken für die Abbildungsgenehmigung der unten aufgeführten Fotografien:

Jon Bouchier 9, 49 o und Colourways, 50, 51 o, M und Colourways 52, 53 ol, 54, 55 o und Colourways, 57 o, M und Colourways, 58, 59 o, M und Colourways, 60, 61 o und Colourways, 63 o, M; und Colourways 64, 65 o, ul und Colourways, 66 ul, und ur, 67, 68-70, 71 o, M, und Colourways, 75 o, 76-88, 90-92, 93 o und ul, 94 r, 95, 96, 97 ol, Ml, ul und Colourways, 99, 101,102-111, 116-117, 118 o, 119 ur, 120-121, 122 ol, 123, 124, 126 o und ur, 127 l, 128 r, 129, 131, 135 u, 139 M und u, 142-143, 156, 157 ol, 159 o und ur, 160 und 161 o und ul, 162-163, 168 l, 169 ol, 172 ol, 173 o und ul; Geoff Dann 26-39, 42-45, 53 u und Colourways, 56 u, 61 ul, 62 u, 65 uM, 71 ul, 132-133, 134, 135 o und M, 138-141, 144-153, 176 o, 177, 178 l, 179 o, 181; Michael Dunning 12-13, 14-15, 16-17, 18-19, 20-21, 22-23, 55 uM, 89 ol, ur und or, 93r und Colourways, 94 l, 97 r, 100, 114-115, 18-19, 20-21, 22-23, 55 uM, 89 ol,ur und or, 93 r und Colourways, 94 l, 97 r, 100, 114-115, 119 Mr, 121 u, 125 u, 127 o, 157 u, 165 u, 169 r, 172 or, 173 ur, 175 o, 176 u, 178 r, 179 u, 180 u, 182 r, 183 o; Andreas Einsiedel 2, 25 M, 130 ur, 161 ur; Anthony Spinks 182 l; Shona Wood 48 l, 49 u, 51 u, 55 ul, 59 u, 63 u, 66 o, 157 or, 158 Mr, 159 ul und uM, 164, 165 o, 166-167, 168 r, 169 u, 170-171, 174 l, 183 ur.

Besuchen Sie Annie Sloan auf ihrer Internetseite www.anniesloan.com